LOS NUEVOS RETOS DEL EMPRESARIO MODERNO

LOS NUEVOS RETOS DEL EMPRESARIO MODERNO

HÓMER DURÁN VARELA

Número de Control de la Biblioteca del Congreso de EE. UU.:   2012913346
ISBN: Tapa Dura   978-1-4633-3576-2
                   Tapa Blanda   978-1-4633-3574-8
                   Libro Electrónico   978-1-4633-3575-5

Este libro fue impreso en los Estados Unidos de América.

Para pedidos de copias adicionales de este libro, por favor contacte con:
Palibrio
1663 Liberty Drive
Suite 200
Bloomington, IN 47403
Llamadas desde los EE.UU. 877.407.5847
Llamadas internacionales +1.812.671.9757
Fax: +1.812.355.1576
ventas@palibrio.com
417590

ÍNDICE

Dedico esta obra a Elva Estela, mi compañera de siempre, quien llena de amor, confianza y optimismo ha estado presente conmigo en cada momento.

A mis hijos Hómer, César y Víctor Hugo, que en ningún momento han dejado de darme muestras de su grande amor filial. Su confianza, me ha impulsado a buscar la mejoría constante de mi persona.

A mis nietos, a quienes considero un verdadero regalo de Dios, con quienes estaré en deuda el resto de mi vida y a mis hijas políticas Jessica y Alejandra, por su comprensión y apoyo.

Breve reflexión sobre el empresario y su entorno económico, político y social.

En la búsqueda permanente de los valores que se aplican en el desarrollo empresarial

PREFACIO

Muchos grandes y exitosos empresarios debieron su éxito a que su sentir y actuar estuvieron apegados a bases muy sólidas sostenidas por principios y valores morales.

El autor con este libro desea hacer una reseña de todos aquellos aspectos relevantes de actuación que otros han llevado a cabo y que infinidad de nuevos empresarios debieran tomarlos como ejemplo.

El autor sólo hace referencias a la moral y valores humanos, pero no toma una posición moralista, éste tipo de aspectos lo tratan otras personas con características muy especiales, donde toda su vida la han entregado a cuestiones tan humanas, que les da autoridad especial para tratar asuntos de la moral.

Como desearía ver en el ánimo de los jóvenes su inquietud constante de convertirse en empresarios, que siempre lo vieran como una mejor alternativa a la constante búsqueda de empleos, que desde su inicio en su vida productiva, económicamente hablando, estuvieran ofreciendo empleos. Con la simple intención de iniciarse como un micro empresario, llenaría de gozo a su comunidad, porque por el hecho de cuando menos intentar ser un simple empresario, se tiene la expectativa de que entrará en un rol económico que necesariamente deberá generar riqueza, participando de ella a sus empleados, al gobierno mediante impuestos, a otros empresarios por medio de relaciones económicas, entidades de seguridad social, educación, Etc., de ser así, su aportación a lograr un mejor nivel de vida en la sociedad será inevitable.

No hay que olvidar que no es suficiente tener mercado, calidad, precio, servicio, etc. Dentro de las empresas, porque los principios y valores humanos serán la base principal del éxito de las empresas, es el cliente, los proveedores, los empleados y con todas aquellas personas que entre en relación quienes percibirán con toda claridad si existe o no tales principios y valores en los dueños o directivos de la misma.

Y qué mejor que empezar a convencer y motivar a todos aquellos jóvenes, estudiantes o no, a interesarlos ofreciendo ideas que a la postre les redunden en un efectivo beneficio. Sí, porque hablar de Valores y Principios Morales en la conducción de sus empresas, estaremos hablando de seguridad, reconocimiento y permanencia en sus mercados.

El empresario no es precisamente una persona extraña o rica, ni exclusivamente inteligente, es sólo alguien que emprende, que arriesga y que trabaja muy duro en determinado propósito. Un vendedor ambulante es tan empresario y tan meritoria su actividad como el propietario de un famoso consorcio de empresas.

Más que nada, la lectura de este libro es una invitación a todos aquellos dedicados al ramo de los negocios, o bien, a aquellos que les gustaría iniciarse en el campo empresarial y a los estudiantes de nivel licenciatura o postgrado, que necesariamente harán importantes aportaciones a la economía al momento de relacionarse con el mundo empresarial.

Es una invitación para que sus Valores Humanos y Principios Morales se vean reconfortados desde sus inicios en el medio empresarial, como dueño de una empresa, y dentro de ella en su constante emprender aprenderá a forjarse como tal. Tampoco el autor pretende dar una receta de valores, sólo es una reflexión a través de todos aquellos aspectos que existen en el medio empresarial, pero si es una súplica de identificación con los valores y principios y a su lucha por defenderlos.

Obviamente lo que aquí se comenta no sólo está enfocado a fijar bases y mostrar ideas a los nuevos empresarios que piensan iniciarse o que están en el proceso de instalación, sino también para aquellos que ya están funcionando como tales.

Para nadie es novedad el ver que en la actualidad, los valores no sólo se van fomentando conforme los jóvenes pasan de una etapa a otra, sino que al contrario, están en peligro de irse perdiendo en medio de una gigante avalancha de tentaciones. Seguido vemos que el niño que en familia adquirió sus valores, en poco tiempo empieza a verse rodeado de una infinidad de factores en su entorno que le van haciendo perder de vista aquellos valores humanos adquiridos.

El entorno en que viven los niños y jóvenes está lleno de mensajes, en la inmensa mayoría de ellos, el transmisor o remitente, no tiene la mínima intención de ofrecer una comunicación formativa para ellos, con un enfoque ligado a los valores humanos y principios de sana convivencia. Así sean los medios televisivos, incluyendo programas especiales clasificados por ellos mismos para niños; al igual que el cine, videos, revistas, etc.

Lo anterior dificulta que cuando el joven pase a una etapa de mayor madurez, esté razonablemente preparado para actuar en base valores humanos, elemento necesario de convivencia comunitaria.

El objetivo de este libro es hacer una reseña breve que permita reflexionar sobre aquellos aspectos que nuestros empresarios están viviendo, su entorno.

Entender el medio que los rodea, los hará prepararse para su futuro, el cual deberá ser vivido con una adecuada riqueza en valores.

Constantemente se comenta que los países en desarrollo requieren de hombres que estén preparados para ayudar a sus semejantes, y que mejor que lo puedan ser siendo empleadores, que emprendan empresas sanas y útiles a la comunidad. Por tal razón el enfoque en este libro será dado en razón del análisis y estudio de temas que le permitan allegarse elementos que a la postre sirvan de una formación o reafirmación de valores humanos y principios éticos de sana convivencia.

Quizá en ocasiones resulte un tanto reiterativo en conceptos, sin embargo, creo que por medio de la repetición bajo diferentes enfoques se logrará una mejor apreciación del contenido.

RECONOCIMIENTOS

El orden que el autor ha seguido obedece a una serie referencias y citas de varios autores y comentarios de amigos, de quienes he recibido mucho apoyo. En consecuencia este trabajo ha sido organizado bajo una estructura adecuada a lo que en el fondo se intenta, que es relacionar al empresario dentro de su entorno económico, político y social en muchos de los casos, apoyado de réplicas y textos que consideré justos y apropiados al tema.

En cuanto al contenido se debe señalar que se hizo uso de bibliografía que ha impreso la Unión Social de Empresarios Mexicanos, muchos de ellos compañeros mexicanos, principalmente cuando se trata del tema fiscal, pero sobre todo una atinada recopilación que hicieron miembros de USEM de Argentina, en relación a pronunciamientos hechos por el Papa S.S. Juan Pablo II. También he tomado como referencia la "Cartilla Moral" (que a pesar de tener más de 60 años de haberse publicado, sorprenden sus fundamentos que son muy válidos a la fecha), que a petición del entonces Secretario de Educación Pública de México, redactó el Sr. Alfonso Reyes (1889 – 1959) en el año de 1944.

LA ACCIÓN DE LOS EMPRESARIOS EN LOS PAÍSES CON ECONOMÍAS EN DESARROLLO

En los últimos decenios, los gobiernos de los países en proceso de desarrollo, salvo contadas excepciones, no han dado resultado favorable a sus comunidades, en cuanto a desarrollo personal, principalmente en sus economías familiares, seguridad, educación, y en general crecimiento personal, etc.

Por todos es sabido que los gobiernos son los rectores de las economías de sus países, pero los políticos no atinan en sus quehaceres para lograr beneficios a sus comunidades, más bien, sus enfoques son carreras políticas para beneficio personal y la de sus partidos, que después de todo, tarde o temprano tendrán el poder.

Es una pena observar como en muchos países se ha incrementado la pobreza en sus comunidades, mientras que los gobiernos hablan de macro economía, atendiendo principalmente el crecimiento del producto interno bruto, abatimiento de índices inflacionarios, balanza comercial, incremento en reservas, que después de todo de nada sirve para aquellas personas que irremediablemente se hacen más pobres, donde ninguno de los aspectos anteriores se ve reflejado en sus bolsillos.

En tiempos de campañas políticas siempre se promete el bienestar social y mejor nivel de vida, pero una vez dentro del

17

poder, ha sucedido lo contrario, los pocos se hacen más ricos y los pobres se hacen más pobres, y lo peor de todo, éstos en mayor cantidad.

Es indudable que la solución difícilmente podrá ser dada por los gobiernos en cualquiera de sus niveles, porque lo que las personas quieren es más y mejores empleos, y estos no pueden ser ofrecidos por ellos, sino por la generación de empleos vía empresarial.

Si los gobiernos tienen problemas para dar solución a la problemática indicada anteriormente, entonces deben motivar e incentivar a las empresas para que estas se multipliquen y crezcan, y ofrezcan empleo cada vez a mayor número de personas, es la mejor manera de abatir la pobreza. Entonces, el enfoque del gobierno, dentro de sus actividades primarias debe convertirse en promotor permanente de la iniciativa privada para la generación de más y más empresarios que puedan ofrecer empleos, mediante leyes que incentiven el mismo.

La educación en general, desde sus inicios, independientemente del aprendizaje normal y necesario para lograr una vida digna, debe estar enfocada a formar emprendedores, tal como se debe hacer con el deporte o actividades artísticas.

Entonces las empresas deben ser comprendidas que su función es generar riqueza y a la vez ocupación de personas, los gobiernos deben apoyar con leyes flexibles en cuanto impuestos, sistemas sencillos para pago de los mismos, leyes laborales que promuevan el empleo bajo esquemas de tolerancia, que beneficien tanto al trabajador como al patrón.

Recuerdo como en una escuela privada en México, lleva a cabo cada año, la instalación de una exposición de programas emprendedores, para niños de preprimaria y primaria, me sorprendió ver como los pequeños desarrollan ayudados por sus padres y maestros, pequeños productos y los ofrecen al público asistente. Resulta muy interesante ver como los pequeños aprenden a hacer transacciones comerciales, desde hacer labor de venta hasta el cobro del dinero a cambio de la entrega de un producto. Así se siembra la semilla para nuevos empresarios que tanto requieren todos los países.

No sólo por el beneficio personal en cuanto a desarrollo y crecimiento personal del empresario, sino ante la pobreza manifiesta en su comunidad, al empresario le toca la tarea moral de ofrecer soluciones, desarrollando más y mejores empresas. Para ello, requiere de prepararse en varios aspectos:

1. Conocer a fondo lo que es la persona humana, porque es ésta, y sólo ésta quien podrá apoyarlo en sus retos y metas. En la mayoría de los casos se descuida este punto, se le da más importancia al negocio en sí que a la persona.

2. Conocer lo que es el trabajo en relación a las personas. En este punto debe resaltarse lo que es la dignidad en el trabajo, la ética en la relación, la justicia en el salario, la productividad, etc.

3. De las cosas más importantes que se debe conocer son los principios y valores humanos. La empresa siempre debe estar en busca de la ética en toda su actuación frente a la sociedad.

4. Participar ante la actuación de los gobiernos, con nuevos modelos económicos, además de exigencias sobre una adecuada actuación en beneficio del desarrollo económico constante.

5. Como último punto, conocer la problemática del empresario y su razón de ser.

Todos estos puntos son comentados a lo largo de este libro, con un enfoque más humano que técnico.

LA PERSONA HUMANA

Indudablemente que el empresario, pequeño o grande, iniciador o experto, debe prepararse cada vez más y entender claramente aspectos muy personales que quizá disten de la preparación para el manejo empresarial, como lo es el entender que es la persona humana, porqué debe procurar un gran respeto a si mismo y al prójimo. Además buscar el equilibrio armónico como persona para lograr una mayor felicidad. Así mismo entender que la vida en familia hace que las personas sientan su razón de ser.

En muchas naciones, ya es parte de su cultura el "ser nacionalista", donde su país juega un papel importante, para muchos de ellos, es requisito indispensable que determina la pertenencia a una comunidad, al grado que mucha de su actuación como empresario lo hacen con alto sentido de patriotismo.

La persona

Cuerpo y alma

Para mí, es difícil concebir la creación del hombre, si no es por vía de la divinidad. Por más que muchos materialistas insistan en opiniones diferentes, la causa última de la existencia del ser humano recae en un Ser Supremo que es Dios.

He visto muchos jóvenes principalmente estudiantes de nivel licenciatura, que no se sienten cómodos al tocar el tema de Dios, más bien, quieren ver la vida de una forma totalmente pragmática, y porque no decirlo materialista.

Sin embargo, el materialismo conlleva a explicarse de una manera tan simplista, como decir que el cuerpo humano, es un conjunto de elementos químicos, conformado por un 43% de oxígeno, 16% de carbono, 7% de hidrógeno, 2% de nitrógeno, 2% de calcio, y un 30% de otros elementos diversos como aluminio, yodo, potasio, sodio, azufre, arsénico, hierro, etc.,

Es preferible conceptuar al hombre como lo hace Og Mandino, psicólogo estadounidense (1923 -) en su libro "El Memorándum de Dios", hermosa obra motivacional, donde hace una amplia reflexión sobre el conjunto de dones que Él nos puso en nuestro cuerpo con lo cual podemos pensar, movernos, ver, gustar, escuchar y que por medio de estas acciones le encontramos sentido a la vida.

Por otro lado, el alma como espíritu concebido por Dios para que more dentro del cuerpo, es la parte medular para proyectar la personalidad de cada ser humano. Es el medio que permite enriquecerla, aprendiendo y conservando los valores humanos que ella genera.

El hombre tiene algo de común con los animales y algo de exclusivamente humano. Estamos acostumbrados a designar lo uno y lo otro, de cierta manera fácil, con los nombres de cuerpo y alma, respectivamente. Al cuerpo pertenece cuanto en el hombre es naturaleza; y al alma, en cuanto en el hombre es espíritu.

Esto nos parece a todos como evidente, aún cuando se reconozca que hay dificultad en establecer las fronteras entre los dos campos. Sin embargo, cuando logramos una armonía entre cuerpo y espíritu, estamos logrando una mayor realización como seres humanos. Atender las necesidades del cuerpo como lo son la alimentación, salud, ejercicio, Etc., estamos contribuyendo con la propia naturaleza material, porque en ese cuerpo reside la otra parte indivisible que es el espíritu, éste estará en mejor condición de llevar a cabo su función cuando su cuerpo está mejor cuidado y sea más apto para realizar las tareas que el espíritu le encomiende. Esa fuerza del cuerpo quizá en alguna ocasión será necesaria para hacer actos de heroísmo ante situaciones donde el prójimo requiera de ayuda.

Varias religiones consideran de manera muy arraigada que "el cuerpo es el templo del espíritu". Si uno de los fines últimos de nuestra existencia es ser feliz y hacer feliz al prójimo, llámesele familia, amigos, empleados, clientes, etc. Se puede decir inclusive, que la felicidad se consigue "cuando por mi conducto se logre la felicidad en otros seres humanos". Entonces es tarea fundamental mejorar en lo posible la parte espiritual. Siempre estaremos requiriendo de nuestra inteligencia, para atender las necesidades materiales, para allegarse recursos y todo lo necesario para desarrollar de mejor manera la existencia durante toda la vida. En forma permanente llevaremos con nosotros estos dos elementos, es mejor entonces buscarles la mejor coexistencia y equilibrio en beneficio de la persona. Sin embargo, existe la disyuntiva de no hacerlo, y la tan deseada armonía entre cuerpo y alma se convertirá en un desequilibrio que conllevará a desajustes tan peligrosos en la vida de las personas como lo pueden ser los homicidios, los malvados que no respetan la vida, los inadaptados a la vida en sociedad cuya existencia se identifica con las acciones delictivas y malévolas.

El empresario debe estar consciente de lo importante que es entender la esencia de la vida, porque siempre estará en contacto con seres humanos, que necesariamente tienen cuerpo y tienen alma, y estos dos elementos deben ser debidamente atendidos, para poder ofrecerle algo más que dinero derivado de su esfuerzo a favor de la empresa.

Respeto a nuestra persona

No se puede ofrecer amor y servicio a otras personas cuando nosotros mismos no cuidamos de nuestra persona, si no nos respetamos a nosotros mismos. Es difícil querer dar felicidad cuando faltamos al respeto a nuestra propia persona. Es inadmisible que una persona que se distingue como consumidora de tabaco o bebidas alcohólicas, deba reprender a su hijo adolescente porque se enteró que éste había realizado acciones similares.

Por sobre todas las cosas, las personas deben tener un absoluto respeto a ellas mismas. El uso que le demos al cuerpo y al alma debe corresponder a ese sentimiento de respeto. El respeto a nuestra persona nos exige también no permitir su degradación. Cada vez más, muchas personas tratan de escapar de su realidad ingiriendo diferentes tipos de enervantes o drogas, sin medir consecuencias desastrosas para su vida, incluyendo la pérdida de facultades intelectivas en su actuar.

➤ El hombre por el simple hecho de su existencia deberá conservar esa dualidad implícita a él que es el cuerpo y el espíritu en muy alta estima.
➤ La moral es algo muy personal, el mismo hombre debe de vigilar interiormente y en forma muy escrupulosa su actuar en un sentido de absoluta moralidad y, en caso de alguna falta deberá sentirse apenado por faltar a este precepto.
➤ El miedo es natural en las personas, sin embargo, éste se reduce totalmente cuando el actuar se hace basados en el uso de una moral recta.

Es vital para todas las personas, y más para los que van a ofrecer un servicio o producto, empezar por tener muy en alto su propia autoestima, ya que esto define nuestra manera de ser. Cuando el nivel de autoestima es alto, se hace notorio en nuestra personalidad, cuyos rasgos se hacen visibles y manifiestan que una persona feliz en todo nuestro entorno.

Respeto al prójimo

Dentro de los Valores Humanos, el respeto es uno de ellos que tiene una gran relevancia y aceptación. Todo ser humano debe reconocer y valorar las cualidades de su semejante, tanto en su persona como en sus derechos y bienes.

> ➤ Por sobre todas las cosas, debe respetarse la dignidad de las personas. La libertad es loable, pero sólo aceptable hasta que invade el derecho de otras personas. Es muy fácil desconocer que las personas tienen su propia dignidad que debe ser respetada. Muy a menudo casi es imperceptible cuando se ataca la dignidad de otras personas, principalmente las más humildes y desprotegidas.
> ➤ El humor es un excelente ingrediente en la vida cotidiana y es necesario ya que vierte alegría en nuestras relaciones con nuestros semejantes.
> ➤ La verdad es uno de los principales retos del ser humano. El mentir, puede, en muchas ocasiones tener consecuencias nefastas para terceros, en otras ocasiones se hace sin pensar como mera rutina, pensando que el efecto es intrascendente, y puede ser, sin embargo, una falta a la integridad como personas que desean una moral recta.
> ➤ Toda la actuación del ser humano debe realizarse de buena fe. La expectativa es ésta, aunque el cambiante

mundo moderno empiece a dudar que la buena fe es parte de la cartera moral del ser humano.

El equilibrio de la persona.

Toda persona para lograr un mejor desempeño de su vida deberá conservar un equilibrio elemental en las principales áreas que le atañen, y como lo señala otro autor mexicano, Guillermo Ortiz González, en una de sus obras, nos dice que en el siglo XXI le espera a la familia grandes retos que afrontar, por lo que es tiempo de pensar que debe lograrse en cada persona un equilibrio en diferentes áreas.

El mundo humano se ha convertido en un mundo urbano. La psicología del equilibrio es la que más necesitamos conservar, por lo que sugiere armonizar un excelente equilibrio en lo siguiente:

Equilibrios dentro Área Física:

Descanso ←→ Trabajo.
Diversión ←→ Aburrimiento.
Alimentos naturales ←→ Artificiales.
Conocimiento del mundo: Naturaleza ←→ Medios.

Equilibrios dentro Área Intelectual:

Conocimientos ←→ Entrega
Información ←→ Formación
Preparación en la vida ←→ Sometimiento al otro
Razón ←→ Sentimiento
Soberbia ←→ Humildad intelectual

Equilibrios dentro Área Familiar:

Tiempo ←→ Convivencia
Tradición ←→ Futuro
Principios ←→ Normas familiares
Ser uno mismo ←→ No para sí mismo
Bienestar material ←→ Bienestar moral

Equilibrios dentro Área Económica:

Comunidad de amor ←→ Comunidad financiera
Gastos ←→ Ingresos
Poder económico ←→ Sometimiento
Necesidades básicas ←→ Superfluas
Área económica ←→ Todas las demás

Equilibrios dentro Área Familiar:

Vida social ←→ Vida privada
Bienestar familiar ←→ Los vecinos
Clase social ←→ Integración a la sociedad
Criterios familiares y sociales en la toma de
    decisiones
Persona y sociedad

Equilibrios dentro Área Emocional:

Control y expresión de las emociones
Quien la hace y quién la paga
Cultivar sentimientos y no resentimientos
Emocional y racional
Sentimientos negativos y pensamientos

Equilibrios dentro Área Espiritual:

A Dios rogando y con el mazo dando
Cultura y consentimiento religioso
Secularización y secularismo
Fanatismo y convicciones
Religión particular y comunitaria

Equilibrios dentro Área Espiritual:

Sexo, eros, filia y ágape
Sexualidad y genitalidad
Ser más complementarios más que contrarios
Calidad y cantidad
Área sexual y las otras áreas

La familia

El concepto de familia puede analizarse desde dos aspectos: como una institución y otra como una comunidad de personas.

Respecto a la familia vista como comunidad de personas, podemos decir que surge de la necesidad de una pareja, varón y mujer, de formar una nueva unidad, después de dejar a sus padres, se convierte automáticamente en una nueva familia. En principio, aunque últimamente se tienen puntos de vista diferente, esa nueva unión de pareja es para compartir su vida durante toda su existencia y la de sus hijos mientras éstos no formen una nueva unidad de familia. Más adelante comentaremos como existe un continuo minar con la consiguiente desintegración.

La familia como comunidad de personas, iniciada por un hombre y una mujer, cuyo medio es el amor entre ambos, se lleva a cabo bajo una expectativa: El complemento mutuo para atender a su misión como pareja, su meta es lograr la realización de cada uno de ellos y la de ésta nueva unidad familiar. Ambas personas han convenido en que su desempeño dentro de ésta unión se desarrollará bajo un enfoque de amor, aceptación, respeto, valores y normas, satisfacción de necesidades mutuas de alimentación, abrigo, techo e instrucción.

Pero también la familia es una institución cuando hablamos de su reconocimiento por parte de la sociedad, quienes deberán ajustarse a leyes, normas, organización, etc., donde se reconocen derechos y obligaciones para cada quién.

Las instituciones públicas deberían apoyar con mayor ahínco a aquellas organizaciones que requieren de mayor presencia y fuerza como lo es la conocida asociación denominada "el Movimiento Familiar Cristiano", cuyo objetivo primordial es el reclamo de la integración familiar.

Se dice que la familia es "la célula básica de la sociedad", es decir; una comunidad donde se contemple a la familia como la esencia de una nación o una patria. En otras palabras, como se contempla en la organización comentada que afirma que:

> "decir que el conjunto de nuestra comunidad, del país y del mundo está formado por familias donde el ser humano nace, aprende a ser persona, a amar, a relacionarse con los demás e integrarse como individuo útil a la comunidad y a ejercer responsablemente su libertad. Por esto la familia

es importante para la sociedad y ésta la protege y busca darle la posibilidad de existir y desarrollarse en un ambiente sano y seguro. Por eso el matrimonio es reconocido por la sociedad civil como un lazo estable que compromete a los esposos y les da una serie de derechos y responsabilidades entre sí y para con los hijos"

Los problemas en integración de la familia se presenta cuando se le da más importancia al aspecto institucional que a la comunidad de personas. Para algunas parejas su concepto de matrimonio se asemeja más a un contrato sujeto a leyes, el cual se puede deshacer, si es que la pareja que lo formó lo desea. El fin propuesto como comunidad de personas se olvida, empiezan los intereses personales, se inicia la incomprensión, se olvidan que debe existir un sacrificio de deseos personales para que reine el amor de pareja. La consecuencia por nadie deseada será la separación y sus consecuencias, la desilusión, el jaloneo económico, el tutelaje de los hijos, etc.

Si las naciones se componen exclusivamente de un conjunto de células llamadas familias y éstas se han ido dañando mediante la separación, entonces la unidad como nación estará en peligro en cuanto a sus principios, valores, moral, etc. Se llega al extremo de que parte de la sociedad se vea inmersa en problemas de presión moral, de abandono de hijos, práctica de abortos (donde la sociedad se ha prestado a afectar fatalmente al más inocente: los hijos no nacidos, es sin duda una catástrofe moral para la familia), y otros males que nunca se desearon.

Un enorme porcentaje de personas nace fuera de matrimonio, su condición es la de no ser producto del amor real y pertenecer a una familia creada por un padre y una madre, su repercusión será difícil en una buena parte de su vida, si no es que toda, claro que muchos logran sobre ponerse a esta situación y logran el éxito.

Entonces, se puede medir la salud en una sociedad en relación a la manera de como se cuida a los que no poseen una familia, que serán irremediablemente más débiles e indefensos, porque no lograron insertarse adecuadamente en la sociedad.

Por otro lado, aquella familia que se logró conformar adecuadamente, es afectada por medio de constantes mensajes de todo tipo que atentan la integración familiar, inclusive se teme que el poder de la persuasión de nuestra cultura popular ahogue las voces aisladas que se levantan como protestas a los cambios negativos que en la familia se están sucediendo.

Después de reiterar la necesidad del respeto a la propia persona, corresponde examinar el respeto que se le tiene y el que se le debe de tener a la familia en el mundo humano que nos rodea de modo inmediato.

Es propio, entonces, el hecho de que en la especie humana se forme por muy pequeños grupos de familias en oposición a los animales que forman grupos principalmente cuando son domesticados o debido al tiempo de celo o cría de sus descendientes.

El ser humano desde su nacimiento requiere de mucho tiempo de maduración y adaptación, aprendizaje para la supervivencia, necesita todo el apoyo de su familia durante muchos años para el buen logro de su formación para la vida. Sucede lo opuesto con los animales que horas o días después de nacidos están aptos para buscar el sustento y prepararse para la supervivencia.

Como lo comenta don Alfonso Reyes:

"la mayor tardanza en el desarrollo del niño comparado con el animal no es una inferioridad humana. Es la garantía de una maduración más profunda y delicada, de una "evolución" más completa. Sin ella, el organismo humano no alcanzaría ese extraordinario afinamiento nervioso que lo pone por encima de todos los animales. La naturaleza, como un artista, necesita más tiempo para producir un artículo más acabado".

El hombre, al nacer, es ya parte de una familia. En un principio, las familias se agruparon en tribus, con el correr del tiempo, éstas, en naciones más o menos organizadas, y tal es el origen de los pueblos actuales. De modo que la sociedad o compañía de los semejantes tiene para el hombre el mismo carácter necesario que su existencia personal. No hay persona sin sociedad. No hay sociedad sin personas. Es la compañía entre los seres de la especie, es para el hombre un hecho natural o espontáneo. Pero ya la forma en que el grupo se organiza, lo que se llama el Estado, es una invención del hombre. Por lo tanto ha cambiado y se ha transformado a lo largo de la historia: autocracia, aristocracia, democracia, monarquía absoluta, monarquía constitucional, república, capitalismo, socialismo, etc.

Con la vida en común de la familia comienzan a aparecer las obligaciones recíprocas entre las personas, las relaciones sociales, los derechos por un lado y, por el otro, los deberes correspondientes. Pues, en la vida civilizada, por cada derecho o cosa que podamos exigir existe un deber o cosa que debemos dar. Y este cambio o transición es lo que hace posible la asociación de los hombres.

El amor y el apoyo mutuo que unen a los miembros de la familia son sentimientos espontáneos, sólo perturbados por caso excepcional. En cuanto al respeto, aunque es de especie diferente, lo mismo debe haberlo de los hijos para con los padres y de los padres para con los hijos, y así como entre los hermanos y los demás miembros de la familia.

Indiscutiblemente la familia es un semillero de valores, es una escuela de aprendizaje desde el inicio de la vida de los hijos hasta que logran su libertad de actuación. Los padres son los maestros natos, por lo que los hijos aprenderán lo bueno y lo malo de su comportamiento, aunque en un principio difícilmente podrán apreciar éstos, cuáles de sus actos serán aciertos o fallas. Entonces en el hogar se dará la formación básica de la conducta de los hijos. Por su propia naturaleza podemos decir que la familia es una escuela de perfeccionamiento constante de los hijos.

Nuestra existencia no sólo se desenvuelve dentro del hogar. Pronto empezamos a tratar con otras personas, ya sea, amigos de la casa, vecinos, maestros, compañeros de escuela, y cuando pasamos a otras edades de nuestra vida, lo hacemos con jefes, compañeros de trabajo, subordinados, colegas, de modo que nuestra existencia transcurre en compañía de un grupo de hombres y mujeres en un círculo de amistad y comunicación que se amplía cada vez más. Esta gente puede estar repartida en muchos lugares, y hasta puede ser que unos grupos no conozcan a los otros. Pero todos ellos se juntan y se merecen entre si respeto social, y así se conformara la sociedad humana, todos semejantes entre sí pero diferentes de otros grupos que habitan la tierra.

La defensa a la vida

El ser humano corre por dos principales riesgos de ninguna manera aceptables, el primero de ellos es el de no permitir su nacimiento, el segundo es el de coartar su existencia, ya sea mediante sentencias trágicas como lo es la pena de muerte y otra la marginación, donde las personas mueren anticipadamente por problemas de salud o por aquello que ha resultado ser una pena para la humanidad llamada hambruna.

En el caso de las campañas para lograr un control de la natalidad, no se sabe con exactitud si las aquellas que se enfocan para prevenir el problema del SIDA, los llevan a cabo los organismos gubernamentales o las grandes empresas que producen artículos de latex como protectores en la relación sexual. Se observa que tal parece que la solución para el SIDA y la ilegitimidad, no es la responsabilidad sexual sino repartir profilácticos. Y para el caso de la drogadicción en el tener agujas limpias. ¿De este modo se resuelven los problemas?, o los estamos subvencionando, no será que en lugar de corregir una mala conducta la estamos perpetuando?.

El nacionalismo y la patria

No basta simplemente con tener una nacionalidad, una nación con su división geográfica y forma de organizarse no es suficiente para que despierte el sentimiento de una persona de amor y entrega, llamado patriotismo. Las naciones o estados, constantemente están cambiando de forma de vida, tienen historia impregnada de luchas por resolver problemas y encontrar soluciones, las que se consiguen pueden ser buenas o malas, temporales o permanentes, donde las personas son el centro de la historia, por ende, nace un amor especial hacia esa nación de donde es procedente.

Este sentimiento debe impulsarnos a hacer por nuestra nación todo lo que podamos, aun en casos en que no nos lo exijan las leyes. Al procurar nuestras legítimas ventajas personales no hemos de perder de vista lo que debemos al país, ni a la sociedad humana en conjunto. Y en caso de conflicto, el bien más amplio debe triunfar sobre el más particular y limitado.

Las economías de los países, se ha dicho, se debe al mayor o menor grado de comercialización, donde se cumpla cabalmente, por un lado, con el fin de poner los satisfactores a disposición de aquellos que tienen determinadas necesidades, y por otro lado, a proporcionar trabajo, participar en el gasto social con el pago de impuestos, promocionar a otros comerciantes o proveedores, etc., por lo tanto a aquellos empresarios y a los dirigentes habrá que reconocerles la función de dar unidad de decisión, coordinación y dinamismo a la actividad empresarial.

En esta división del trabajo que es toda la existencia humana, nuestro primer paso, y a veces el único que podemos dar, en bien de la humanidad en general, es servir a la patria. De modo que este deber no se opone a la solidaridad humana, antes la hace posible y la refuerza.

Las leyes en algunos países, por lo general, no dan la gran exigencia a sus habitantes para que tengan una actuación diaria siempre a favor de, o enalteciendo a la patria, sin embargo se ha hecho costumbre en un alto número de personas de la comunidad, el hacer mayor esfuerzo por una superación del país, para ello hay que hacer todo lo que se pueda. Tal vez se deba a que todo lo que la persona es, se lo debe a su patria, por lo tanto, dentro de este contexto, en nuestra familia, nuestro trabajo, diversas organizaciones, etc., en cualquier momento, estamos obligados a actuar respecto al llamado interno para servir a la patria.

La suma de los esfuerzos de las personas define el progreso de una nación, el empresario es de los más comprometidos al ofrecer empleos justamente remunerados. Es obligación moral de la empresa generar riqueza, misma que debe ser participativa, además del gobierno vía impuestos, con los dueños o accionistas, empleados, proveedores y todos que de alguna manera tengan participación de trabajo, capital, servicios, etc.

El progreso moral de la humanidad será mayor cuanto mayor sea la armonía y el respeto entre todos los pueblos. La paz es el sumo ideal moral. Pero la paz, con la democracia, sólo puede dar todos sus frutos donde todos la respetan y aman.

También es tarea de todas las personas buscar que en su país, mediante la participación los valores más grandes y fundamentales como lo son: libertad, justicia, democracia y el derecho. De esta manera engrandecemos a la patria y con ello tendremos la oportunidad de ir mejorando cada uno, en relación al crecimiento en el país.

Nuestro país, como lo comenta el autor Reyes:

> "es el campo natural donde ejercitamos todos nuestros actos morales en bien de la sociedad y de la especie. Se ha dicho que quien ignora la historia patria es extranjero en su tierra. Puede añadirse que quien ignora el deber patrio es extranjero en la humanidad".

Absolutamente nadie deseará vivir en un país pobre, en consideración a las limitaciones existentes, por lo tanto el empresario debe considerar que su esfuerzo como tal, lo llevará a lograr una nación más grande y más rica. Es entonces donde sentirá el nacionalismo y el amor a su patria.

La Sociedad Humana

Los mandamientos a la moral, siempre están hablando de respeto. El respeto es un valor moral que obliga a las personas a actuar en este sentido con sus semejantes, pero también, las obliga como miembros de una familia al respeto de esta institución. Cuando hay respeto en la familia, éste se extiende hacia la nación y en última instancia a la sociedad entera. La falta de este respeto ha conducido a que en nuestra sociedad haya personas, familias y naciones siempre predispuestas a la generación de conflictos. Cabe recordar aquí aquel principio de "no hagas a nadie lo que no quieras que a ti te hagan".

Estos respetos conducen indudablemente a un mejoramiento de la especie humana. Quizá no tendríamos que estar observando día tras días cosas tan aberrantes como guerras, asesinatos, abortos, drogadicción y tantos otros males que aquejan a la sociedad humana, si el respeto y la cordialidad se dieran.

Las sociedades de todos los tiempos se han distinguido por la moral que desempeñan sus habitantes, notables personalidades pudieron inducir la moral en ellos. La Biblia, principalmente el Antiguo Testamento, narra como a través del tiempo, Dios, permanentemente pide a los pueblos apego a la moral, pero el ser humano por su propia condición falla a ésta moral, inclusive se habla de grandes castigos (esclavitud, destierros, desaparición de ciudades perdidas moralmente, etc.), pero también premiaba a los de mejor comportamiento (victoria en guerras, extensiones territoriales, liberaciones, etc.). Así que la práctica de la moral ha de distinguir a los pueblos.

Los griegos tuvieron una gran época de auge en la que fueron grandes moralizadores durante toda su historia antigua, dieron grandes ejemplos de apoyo a la moral de los ciudadanos, juzgaban teniendo siempre presente la conservación de la dignidad humana.

EL TRABAJO

El sentido del trabajo

El poseer algo como propio con el consiguiente poder de disponer de él, consumirlo o dejarlo como herencia a los suyos, acrecentarlo y conservarlo como una seguridad para el futuro, manifiesta el anhelo de ser propietario. Nadie puede vivir plenamente cuando no tiene nada como propio.

Pues bien, todavía hay un gran número de personas y de grupos que, aun trabajando, no tienen oportunidad de contemplar por lo menos en algún grado su deseo de iniciativa, y miran todo como ajeno, aún en su propio trabajo.

Cabe preguntar, ¿se puede ser feliz sin poder poseer al menos una mínima propiedad? El ser humano no se contenta con trabajar y alcanzar un nivel de vida material satisfactorio. Reconoce que en él existe una capacidad de iniciativa y de libertad responsable; como el hambre no se sacia sino comiendo, así no se satisface la apetencia natural de iniciativa y de libertad responsable si no se ejercitan. Pío XI había notado que en las fábricas de su tiempo, se daba esta paradoja: "entraba la materia bruta y salía ennoblecida, pero, mientras entraba el hombre noble, salía embrutecido".

Una concepción participativa de la economía conduce a nuevas perspectivas de la relación entre capital y trabajo. Las teorías económicas del pasado manifiestan, bajo varios aspectos, sus propios límites. Llegan nuevas propuestas, avanzadas, intentando plantear mejor las relaciones entre capital y trabajo, reservando mayor atención a la dignidad personal de todos los que participan en el proceso productivo. Se observa la exigencia de implicar también a los trabajadores en el proceso de la formación del capital y en las decisiones que atañen a la empresa, según una concepción "participativa" de la economía, que se abre a unas perspectivas extraordinariamente estimulantes para cuantos están interesados en la superación de las diversas patologías, que sufre el mundo en el que estamos actuando."

Hoy como en todos los tiempos el ser humano quiere que se le tome en cuenta. Estar informado, saber no sólo qué se hace sino por qué se hace, expresar los propios puntos de vista, tener la oportunidad de disentir y poder tomar una decisión, por lo menos en aquello que más le incumbe. Es el hambre de iniciativa y de libertad.

No cabe la menor duda de que siempre, satisfechas algunas aspiraciones, brotarán otras. Así la felicidad plena se mantiene elusiva. ¿Pero podría lograrse al menos que en el grado actual del desarrollo económico, la desigualdad en reparto de sus frutos no se fuera agrandando sino más bien se acortara? Ya no pensamos en un cambio radical de sistema económico, político y social a través de las diversas formas históricas del socialismo, pues por la experiencia obtenida se ha probado su ineficiencia. Pensamos en los intentos por completar esas deficiencias en la satisfacción de las aspiraciones de la humanidad en un régimen de economía de mercado, donde este modelo ofrece libertades sin olvidar la justicia, evitando la confrontación, pero existe la supremacía de valores dentro de un orden jurídico con función social.

El trabajo es también la dimensión fundamental de la existencia del hombre sobre la Tierra. Para el hombre el trabajo no solamente tiene un significativo técnico sino también ético. Se puede decir que él "somete" a la Tierra cuando él mismo, con su comportamiento, se hace señor de ella, no esclavo, y también señor y no esclavo del trabajo.

Superar la innatural e ilógica rivalidad conceptual entre capital y trabajo -exasperada a menudo artificialmente por una lucha de clases programada- es, para una sociedad que quiere ser justa, una exigencia indispensable, fundada sobre la primacía del hombre sobre las cosas. Solamente el hombre -empresario u obrero- es sujeto del trabajo y es persona; el capital no es más que "un conjunto de cosas"

La primacía del hombre

Recalcaba S.S. Papa Juan Pablo II, que:

> "la doctrina y la actitud de la Iglesia hacia el mundo del trabajo, toma su inspiración esencial de lo que él ha llamado el *Evangelio del Trabajo*".

Contiene un mensaje de profunda y amplia incidencia: el primado del hombre sobre el trabajo. En cada una de sus formas, este trabajo merece un respeto particular puesto que se trata de la obra del hombre, que después de todo está detrás de cualquier trabajo, hay siempre un sujeto vivo: la persona humana. Es de este hecho de donde el trabajo recibe su valor y su dignidad.

El capital y trabajo se complementan. Más que una separación de conceptos aparentemente contrarios, y en todo caso cualquier opinión que los contraponga no debe influir para que dentro del proceso económico de las empresas los considere de tal forma, al contrario, debemos buscar formas de vinculación indisoluble entre capital y trabajo, que beneficie a todos. Prácticamente no se pueden separar estos conceptos, menos supeditarse el uno al otro.

El trabajo debe generar capital pero nunca debe revertirse en contra de quien lo crea, no se puede menospreciar ninguno de los dos datos del problema; sin capital no hay trabajo. Por tanto, los que tienen y aportan el capital realizan una gran obra en favor del bien común, mereciendo la consideración y el respeto de todos, al abrir nuevas fuentes de trabajo y haciendo posibles más empleos. Por otro lado, el trabajo humano no puede ser considerado simplemente en función del capital. Lo trasciende absolutamente. El hombre no ha sido hecho para la máquina sino la máquina como herramienta para el hombre. El argumento de que las máquinas no se pueden parar no es válido para intentar forzar al hombre a su ritmo, sino que requiere del merecido descanso y de un tenor de vida verdaderamente humano.

Ideal sería que se les dotara de máquinas tan tecnificadas que permitiera al hombre una mayor desempeño y mejor actividad de "mejora continua". Porque el hombre como ser pensante, más que realizar operaciones repetitivas, debe tener un espacio de tiempo para dedicarlo a hacer acciones creativas, acciones que permitan transformaciones dentro del ámbito de trabajo.

Tenemos que recalcar que si el trabajo no es esencialmente para servir al hombre, no tiene razón de ser.

Es menester que por sobre todas las cosas, una perfecta armonía entre el hombre y la naturaleza para lograr el progreso humano, liberando fielmente al hombre de tendencias egoístas libre de toda subyugación. El progreso humano debe generarse para servir fielmente al hombre en toda su magnitud, con pleno apego e indiscutible apoyo en sus sentimientos, sus problemas y sus aspiraciones.

Por esto, en la encíclica "laborem exercens" su S.S. afirma, que:

"el trabajo humano es una clave, quizá la clave esencial, de toda la cuestión social, si tratamos de verla verdaderamente desde el punto de vista del bien del hombre"

Ideal sería formarle todo un esquema completo de desarrollo personal dentro de cualquier organización, por ejemplo:

a). Que el trabajo demande retos.
b). Que ofrezca un continuo aprendizaje.
c). Que le permita permanentemente estar tomando decisiones a su nivel de operación.
d). Que siempre encuentre apoyo y reconocimiento social.
e). Que su responsabilidad le guíe hacia metas personales con futuro.
f). Que lo hecho y producido puede ser relacionado con su vida social. Etc.

No hay que olvidar que las cuestiones económicas y sociales dependen siempre de las opciones y de las cualidades de las personas que en ellas trabajan; de su buena voluntad y de su habilidad y capacidad para afrontar los problemas; en una palabra, de su "responsabilidad".

Lo mismo que el obrero o el técnico, los empresarios tienen el reto de adquirir el compromiso que como formadores de una estructura laboral, deben permitir al máximo posible el desarrollo y perfeccionamiento para lograr una nueva civilización del trabajo.

Será el nuevo empresario el protagonista de una esperanza para estos tiempos de un nuevo modo de ver y actuar frente al trabajo, se convertirán en alentadores del nuevo concepto de trabajo en el mundo empresarial. Se estaría cumpliendo con un compromiso que imprime la vocación de ser empresario.

De hecho, el trabajo es para el hombre, y no el hombre para el trabajo: por consiguiente también la empresa es para el hombre, y no el hombre para la empresa.

La dignidad en el trabajo

Lo valioso del hombre es por lo que él es y no por lo que gana, o por su capacidad de transformación y de elaboración de productos o servicios que presta, ni tampoco por la cantidad de ganancias materiales, sino sólo por lo que él es y su conformado de valores.

La realización del hombre debe darse por su trabajo y el fruto que éste le de cómo una actividad gratificante. Quien ve al trabajo como castigo divino, tendrá como consecuencia que cualquier actividad le propicie frustración y por ende su felicidad se verá mermada, por lo que el trabajo dejará de tener sentido dentro de su vida.

El trabajo es una cuestión ética.

Se comentó en otro apartado sobre la dignidad en el trabajo, y debemos recalcar que todo debe empezar por aceptar como una prioridad, lograr la dignidad del hombre en toda la extensión de la palabra, para después hacer una consideración especial en la dignidad en el trabajo, partiendo de este principio, la técnica o la economía y otras especialidades deben de ser condicionadas a esta dignidad. Por lo tanto, ofrecer un trabajo es una cuestión meramente ética, y de ninguna manera supeditada a éstos aspectos.

Las metas de las organizaciones no podrán cumplirse cabalmente si no se toma en consideración de manera preponderante la dignidad de los colaboradores. Deberá tenerse presente que las personas en principio, son dignas de confianza, y son éstas las que en cualquier momento y en su nivel deberán tomar decisiones que en buena medida afectarán el desarrollo de las empresas. Las personas tienen todo su derecho de intentar crecer, avanzar y contribuir con todo su potencial en el desempeño de sus labores, y en la medida en que se les vaya permitiendo, por medio de un aprendizaje continuo, se irá logrando una mayor seguridad de éxito en las empresas, que después de todo, es una meta primordial de estas.

Existe una dualidad de conceptos, donde una guarda supremacía sobre la otra, y esto lo encontramos en cualquier proceso económico. Por un lado están las personas y por la otra los bienes o el capital. Existen casos permanentemente en que se le da prioridad a lo segundo. Cuando esto sucede, cuando es más grande la importancia de las máquinas que los que las manejan, automáticamente se entra en conflicto interno dentro de las personas, tal pareciera que su calidad de autómatas, les resta el atributo de personas. En este momento, quizá sin sentirlo, se menosprecia la dignidad de los seres humanos, que tarde o temprano, se verá reflejada en un trabajo sin sentido humano y donde difícilmente se podrá exigir excelencia. Debe buscarse la forma de que el hombre tenga un absoluto dominio sobre las máquinas y herramientas y que éstas sólo sean el vehículo para lograr su realización. Éstos útiles sólo formarán parte de su entorno que les permite utilizar su creatividad y destreza para mejorar el trabajo y su productividad. Entonces serán los verdaderos impulsores de la organización, serán los que de cualquier manera harán uso de las tecnologías desarrolladas en beneficio de una mayor eficacia y eficiencia.

Por naturaleza el ser humano es una persona dotada de inteligencia y libertad, entre más se aprecie su dignidad, y menos se le considere como instrumento de trabajo, su inteligencia actuará a favor del desempeño de sus labores, por lo que tiene la posibilidad de lograr una grandeza superior a todas las realidades materiales existentes, y en su sentido amplio, el trabajo humano abarca todo tipo de acción realizada por el hombre.

El progreso en la ciencia y la técnica, así como la elevación cultural y moral de la sociedad, se debe a la diaria actuación de las personas. El grado del logro se deberá básicamente a la libertad y al estímulo que los seres humanos tengan dentro de sus organizaciones. Es preciso entonces, que deje de verse que el trabajo es solo un medio para conseguir el sustento cotidiano. Mientras persista este concepto, el progreso, la cultura y la elevación moral se verá altamente retraída.

Los bienes del Universo

Especial atención debe dársele al comentario de S.S. Juan Pablo II sobre el uso de los bienes existentes sobre la faz de la tierra. Resulta un tanto incomprensible ver como tanta gente aboga por la universalidad de los bienes, todo derivado de una naturaleza común, la cual le fue otorgada al ser humano para su propia existencia, y que sin embargo esa propiedad universal se ha convertido en propiedades de personas, ¿Qué tipo de bienes?, pues todos los que se puedan, llámense tierras, bosques, minas, yacimientos petroleros, etc. Desde el momento en que alguien dijo, este bien natural es mío, se empezó a dividir la sociedad en dos clases muy sencillas, los que poseen y los desposeídos. Es interesante preguntarse: ¿Al nuevo ser humano que nace, qué parte de la naturaleza le corresponde?. Alguien puede responder que se tiene libre el oxígeno que respiramos, y efectivamente, salvo que se lo estamos entregando ya viciado, con altos índices de bióxido de carbono.

Los bienes han sido creados para beneficio de todos los hombres. Es fundamental el principio que los bienes del universo fueron destinados para todos los hombres, con el fin de que, a través del trabajo, sirvan al desarrollo completo de todos. De este destino universal de los bienes, la propiedad privada recibe sus funciones, sus contenidos y sus límites. Es necesario por lo tanto que cada uno, sin dejarse dominar por la codicia de conquistar mayor poder, se abra al diálogo y a la colaboración, con la participación correspondiente también de los órganos de la comunidad política.

El salario

La determinación del justo salario es tarea compleja. Durante toda la historia de la humanidad donde siempre ha habido alguien que requiere de un apoyo en sus actividades por parte de sus semejantes se entra en discusión de cuánto es el justo medio para realizar el pago.

Quien recibe un salario lo utilizará para su sustento diario y el de su familia, lo que determinará el nivel de vida que las personas puedan tener. Existen países altamente desarrollados donde el ingreso "per cápita" es muy alto, relativamente hablando, es notorio que en estos lugares, los trabajadores pueden tener acceso a una serie de bienes y servicios que les permitirá tener un nivel de vida más desahogado. Sin embargo, estos países son los pocos; en otros, el esfuerzo que hacen las personas puede ser superior, pero su ingreso muy reducido, el cual no les permite más que cubrir sus necesidades primarias. Es la razón por la cual existe un problema muy grande de migración a países desarrollados económicamente que les ofrezcan una mejor manera de vivir.

Normalmente son las autoridades de cada país las que dependiendo de su situación económica determinan el ingreso que las personas deberán de tener como pago a un trabajo específico. Que tan justo o injusto resulte este pago, es muy cuestionable, resulta discutible la razón que se pueda tener para establecer el salario, lo más seguro es que la participación del actor principal, que es el trabajador, sea muy poco tomada en cuenta en su establecimiento. Más que buscar que el salario atienda las necesidades básicas de los trabajadores, se buscará que haya concordancia con el sistema económico e índices de macroeconomía del país.

Muy atractivo resulta para muchas empresas de países desarrollados, buscar países pobres donde establecerse en consideración a que el pago de salarios es muy bajo. Las autoridades de los países receptores se congratulan por tal hecho, ya que abaten el desempleo. Sin embargo, por lo general, el monto de la percepción del ingreso del trabajador no se verá favorecida.

El uso de la inteligencia como factor de éxito

El nuevo empresario, sabe que su reto es formarse y crecer, y el crecer lleva implícita la ocupación de otras personas para que en forma conjunta se logre el desarrollo.

Considerando el enorme potencial que las personas pueden obtener en cuanto a creatividad y desarrollo personal, los empresarios toman esta prerrogativa humana como elemento básico de producción, pero no se le da su debida dimensión, no se le considera que primero tiene inteligencia antes que fuerza, en consecuencia, es vital la consideración del potencial de la inteligencia de los seres humanos como factor de éxito de todas las empresas, siempre y cuando se trabaje en ese sentido. Y debe darse en todos los procesos de las empresas, desde la planeación hasta el desempeño de las acciones.

La Industria, la producción, el comercio, los servicios y en general el desarrollo económico son, sin duda, el primer resultado del trabajo y de la inteligencia del hombre, sin embargo, nadie puede por sí solo obtener resultados para la empresa (salvo que sea tan pequeña que no requiere de los esfuerzos adicionales a una persona), se requiere de un grupo que adecuadamente dirigido hacia los objetivos deseados sea motivado para utilizar su inteligencia y creatividad en su propio beneficio al realizar un menor esfuerzo y el del mismo grupo.

Recordemos que el progreso humano es la suma de todas las potencialidades de los seres humanos que cada día de mejor manera se sirve de las cosas creadas (partiendo de la naturaleza), aunque en ocasiones ha hecho un uso irracional de ellas.

La productividad

Todo ser humano tiene el deber de hacer bien su trabajo, ya que a través de él debe encontrar su superación. Es un medio para la realización personal, por lo que no se le debe de rehuir, ni tampoco trabajar mediocremente. Al contrario de trabajar con desinterés, al trabajo se le debe encontrar su esencia, el esfuerzo que necesariamente se debe hacer, debe tener sentido.

Cuando alguien ve al trabajo como algo que tiene que llevarse a cabo por razones de subsistencia biológica, difícilmente encontrará una verdadera satisfacción en su desempeño. Poco se puede esperar cuando se le intente convencer del positivo efecto que puede proporcionarle un desempeño en su trabajo lleno de entusiasmo y de alegría. Es un deber moral dedicarse al trabajo, pero cuando se hace con entrega se está cumpliendo con un mandato divino. En todo caso, puede verse como una serie de sacrificios ofrecidos a Dios, que después de todo, a Él se debe nuestra existencia.

Cuando queremos hablar de productividad, muy seguido nos encontramos con muchos factores contrarios a un buen desempeño como lo son: el desinterés, el derroche de tiempo y recursos, el ausentismo, etc. Sin embargo, la productividad por sobre todas las cosas se tiene que dar; los empresarios, dispuestos a que el trabajo sea dignificante para los trabajadores, deberá de convencer a ellos con hechos, de la importancia de su esfuerzo para todos, pero principalmente buscando que encuentre su superación y realización personal.

Existen muchos vicios difíciles de desterrar, muchos de ellos como el ausentismo, se consideran un mal social que no sólo toca la productividad, sino que ofende las esperanzas y sufrimientos de quien busca y reclama desesperadamente una ocupación.

Podemos decir entonces, que los empresarios y sus empresas están llamados a realizar una labor que impulse la función social, contribuyendo al perfeccionamiento del hombre, creando condiciones que permitan desarrollar las capacidades personales a la par con una producción eficaz y razonable de bienes y servicios, donde al trabajador se le concientice de trabajar en algo como si fuera propio.

Bajo estos conceptos lograr cada vez una mayor productividad no sería tan difícil y el beneficio sería como un premio no sólo a la empresa que patrocina los medios y reconocimientos, sino a toda la comunidad.

LOS PRINCIPIOS Y
VALORES HUMANOS

La búsqueda de la moral

La palabra moral (*moralis*, -e) se deriva del latín (*mos, moris* que significa costumbre), que encierra todo aquello que es relativo a las costumbres existentes en el ser humano, o dicho en otras palabras: es una disciplina que estudia los actos humanos en relación con su bondad o malicia.

La actitud moral es innata al hombre, desde su nacimiento se fortalece conforme va conociendo el mundo en que vive, y dependiendo del grado de moralidad que su persona vaya adquiriendo diremos que es una persona con buena moral, o en sentido contrario diremos que es inmoral, o si se aparta, es apático, le podremos llamar amoral.

Las interrelaciones humanas siempre se darán bajo un entorno sujeto a la moral, que da sentido a la vida, entre más se practique en un sentido o en otro la persona conseguirá una mejor definición de sí misma cuando entra en relación con sus semejantes.

Pero hay una serie de preguntas para el empresario: ¿Hasta dónde se puede ser moral?, ¿Quiénes deben ser morales? ¿Se pueden seleccionar los aspectos en los que se debe ser más o menos moral?. No es fácil encontrar respuestas, alguien puede pensar que es correcto tener una absoluta moralidad dentro de la familia, pero quizá desearía ser un poco menos exigente en el medio empresarial, o bien, considerando algunos aberrantes casos de corrupción que se han dado dentro de diferentes organismos gubernamentales, empresariales y otros que existen en su entorno; por ejemplo; importaciones sin el pago de impuestos, comisiones para favorecer el logro de contratos, copias ilegales de productos para su venta, sobreprecios injustificados, calidad de productos menor a lo ofrecido, etc.

Entonces la moral es cuestión de conciencia? Más adelante sugeriré algunos elementos de juicio para ver si es posible establecer un patrón de conducta apropiado.

Quizá se está sacrificando la verticalidad de la moral y la conducta del empresario cuando tiene sobre sí un enorme peso derivado de una crisis económica existente en su país, y de la cual no se siente culpable. De ninguna manera es justificable un cambio de conducta, en todo caso, cuando su seguridad depende de la economía bien o mal manejada por los gobiernos, que son rectores de la misma, vale la pena analizar y reflexionar para tomar acciones participativas e intentar influir en el establecimiento de políticas y prácticas económicas nacionales.

La acción principal del empresario debe estar enfocada a su compromiso ante su comunidad desde un ámbito meramente social para que con más energía genere riqueza, promueva el aspecto económico de su comunidad y apoye en lo posible el desarrollo humano.

La base moral del empresario necesariamente deberá estar enfocada al aspecto social, ya que es aquí donde mostrará su compromiso.

El empresario ante el compromiso económico – social.

Me parece importante destacar algunas declaraciones que
la Unión Social de Empresarios Mexicanos, en coordinación
con otras asociaciones corresponsales en América Latina, ha
hecho durante muchos años y que han sido muy claras y llenas de
contenido social. Un país, lleno de empresarios comprometidos
ante su comunidad que se preocupan y realizan acciones que
están bajo su responsabilidad y posibilidad. Cuando este tipo
de organizaciones tiene a mucha gente trabajando para un fin
cuyo enfoque es la aportación de ideas y esfuerzos bien claros
y definidos en servicio del ser humano, estaremos de frente
a un país donde levantar su nivel de vida será cuestión de
rutina, veamos algunas de sus declaraciones:

> **"Deseamos** una economía al servicio y dimensión
> del hombre y no un hombre al servicio y disposición
> de la economía.

> **Queremos** una política económica que pugne
> por una mayor y más justa distribución de la renta
> que mejore la calidad de vida de la población, y
> rechazamos aquélla que pugne por un estéril reparto
> de la riqueza que sólo conduce al empobrecimiento
> de la sociedad.

> **Requerimos** de un progreso económico
> sostenido que erradique las causas de la pobreza,
> y no de subsidios que sólo tratan de atenuar sus
> consecuencias.

> ¿A quién le toca ser el artífice de un modelo
> ideal de desarrollo económico que esté enfocado
> al desarrollo y la plena libertad del ser humano?,
> por doquier se señala la imperiosa necesidad, (sin

importar si el país es desarrollado o no) de diseñar un sistema lo más perfecto posible con el fin de evitar consecuencias en la sociedad por las fallas que pudiera presentar.

Necesitamos un modelo de desarrollo económico que nos permita alcanzar con recursos propios y justicia social, lo cual sólo se dará si se consigue abatir el desempleo, desterrar la corrupción, suprimir la demagogia y dominar la inflación, que son los cuatro jinetes del Apocalipsis que hoy asuelan a nuestra nación, y vencerlos, el reto por el que será juzgada nuestra generación.

De la urgencia que se tiene de buscar nuevos modelos económicos surgen los pronunciamientos a nivel mundial de organismos que piden a los gobiernos su atención para resolver problemas de la sociedad, como se ha comentado:

a). Toda organización económica y social debe partir del hombre y volver al hombre ya que éste es el autor, el centro y el fin de la vida económica y social.

b). La vida social debe ser un medio para que el hombre alcance su propia plenitud mediante su participación solidaria y subsidiaria del bien común.

c). La empresa no es solamente una realidad económica sino que es también una realidad social y debe ser una comunidad de intereses y responsabilidades.

d). La conciencia social de los dirigentes de empresa, por la colaboración entre las

clases sociales y por una economía que esté
verdaderamente al servicio del hombre".

En algunos países en proceso de desarrollo, en el ámbito
socioeconómico, se observa también este clima de crisis.
Marginación social, agitación obrera, burocratismo creciente,
corrupción, incomprensión y hostilidad hacia la empresa,
muchas veces derivado del fuerte avance del estatismo y de
otras diferentes corrientes. Recuerdo los comentarios que
hace un líder político de izquierda, en un mitin donde se
celebraba el día del trabajo: "Hay que recordar que el patrón
es el enemigo natural del trabajador", por favor, declaraciones
de este tipo, nos llevan a los conceptos desgastados del
marxismo – leninismo, que ya no son aplicables en estos
tiempos.

Retomando el ejemplo de este pensamiento, su S.S.
quien siempre afectuoso quiso abarcar a los comerciantes
y artesanos, cuyas profesiones son portadoras de genuinos
valores humanos, ha escrito que:

*"Las necesidades humanas tienen prioridad sobre
aspectos económicos y técnicos"*

El grado de bienestar de que goza hoy la sociedad sería
impensable sin la figura dinámica del empresario, cuya
función consiste en organizar el trabajo humano y los medios
de producción de manera que puedan dar origen a los bienes
y a los servicios necesarios para la prosperidad y el progreso
de la comunidad.

Se ha comentado que "En el trabajo el hombre es lo primero.
No importa que sea artista o artesano, empresario, obrero,
campesino, intelectual, etc., es el hombre quien trabaja, *y es*

para el hombre para quien él trabaja. No debe haber, pues, una primacía del trabajo sobre el trabajador, ni tampoco una prioridad de las exigencias técnicas y económicas sobre las necesidades humanas. *Nunca jamás el trabajo por encima del trabajador; sino siempre el trabajo para el trabajador, el* trabajo al servicio del hombre, de todos los hombres y de todo hombre".

La moral y el bien

Universalmente es entendido que el hombre se educa para el bien, entender lo contrario se prestaría como aversión a los deseos de la humanidad. Desde su inicio, ésta tiene como base tener un desarrollo siempre dentro de la moral o ética (La palabra "moral" procede del latín; la palabra "ética" procede del griego), se han instituido doctrinas desde toda la vida y en todo el mundo que sirvan de guía para el comportamiento del hombre desde un punto de vista ético y moral.

En cuanto a las religiones, todas contienen un cuerpo de preceptos morales, que coinciden en lo esencial. Pero el bien es obligatorio para todos los hombres en general. El bien no sólo se funda en una recompensa esperada. Se funda también en razones que pertenecen a este mundo. La conducta moral, esto es, movida por el bien, nos permite vivir en paz con nosotros mismos y en armonía con los demás. Por eso es importante.

El bien es una cuestión de amor y de respeto. El amor y respeto es bueno para todos y aversión a lo perjudicial.

Los derechos del hombre reconocidos, abarcan todo lo que vaya en su favor, sin embargo, no le está permitido, o más bien, le está excluido aquello que está mal, que causa mal. El bien es benéfico, el mal es maléfico.

El bien no debe confundirse con nuestro interés particular en algún momento de nuestra vida. No debe confundírsele con nuestro provecho, nuestro gusto o nuestro deseo. El bien es un ideal de justicia y de virtud que puede imponernos el sacrificio de nuestros anhelos, y aun de nuestra felicidad o de nuestra vida. Pues es algo como una felicidad más amplia o que abarcase a toda la especie humana, ante la cual valen menos las felicidades personales de cada uno de nosotros.

Algunos han pensado que el bien se conoce sólo a través de la razón, y que, en consecuencia, no se puede ser bueno si, al mismo tiempo, no se es sabio. Según ellos, el malo lo es por ignorancia. Necesita educación.

Otros consideran que el bien se conoce por el camino del sentimiento y, como la caridad, es un impulso del buen corazón, compatible aun con la ignorancia.

Valores humanos

Los empresarios tienen la gran oportunidad de entrar en comunicación directa con sus empleados y sus familias, y con todos aquellos con los que la empresa se pueda relacionar, por lo que la mayor parte de la comunidad puede ser influenciada principalmente para preservar los Valores Humanos.

Se hace necesario entrar a la defensa rigurosa de nuestros valores humanos, ya que se observa un ataque continuo, por todos los medios, con mensajes que son recibidos por todos, sin distinción de edades, sexo, educación, etc. Lo que ha orillado a muchos gobiernos, Iglesias, y otras entidades a estar al acecho, con el fin de contrarrestar las amenazas de la drogadicción, revolución sexual y otros igualmente graves. La drogadicción que inevitablemente hace dependientes a las personas hasta ocasionarles la muerte. Lo que se refiere a la revolución sexual, encontramos que tanta liberación ha conducido a enfermedades fatales que cada día adquieren más fuerza, hasta ahora, el SIDA se considera como la tercer causa de la muerte. Pero esto no es todo, los problemas anteriores conllevan a una inminente desintegración familiar y como consecuencia de esto, actos ilícitos no deseados, muchos de ellos con tintes de delincuencia criminal.

Nunca hay que olvidar que cuando los valores humanos se derrumban sus consecuencias inmediatas y palpables aparecen como lo son el sufrimiento, la miseria y la desesperanza.

Todos estos casos inciden en un demérito tremendo en nuestros valores. A veces todo aparece como normal, muy moderno, a la moda, sin embargo todo resulta material y aparente.

Si entendemos que un valor humano es un conjunto de cualidades o virtudes que sirven de base a una persona en su diaria actuación, en relación a la moral aplicada en su comunidad. En pocas palabras los valores humanos, visten a las personas, su ausencia, los desnuda. Entonces podemos analizar y reflexionar en lo que debería de consistir el actuar de las personas, y a la vez enfocarlo también al actuar de los empresarios.

Es bien sabido que los valores humanos en una persona empiezan a formarse desde su nacimiento y principalmente dentro de la familia. Se observa que en la mayoría de las escuelas para niños y jóvenes, lamentablemente no hay materias o asignaturas que lleven un enfoque de valores humanos, este tema está ausente en la currícula educativa, salvo honrosas excepciones vistas en escuelas particulares con enfoque religioso.

Pero también, que mejor que pudieran ser las Universidades, Tecnológicos y otras instituciones de educación superior las más indicadas para transmitir los valores y reafirmarlos en cada momento a los alumnos. Si el desempeño de la función de estudiantes como tales se hace sobre bases de valores humanos, su desenvolvimiento bajo este esquema le permitiese hacer frente a los problemas ya comentados, por un lado; y por el otro una sólida preparación en su vida post-estudiantil llena de fuerza para transmitir a sus colaboradores y otras personas que se desenvuelven en su medio ambiente. Ideal también sería que los docentes tuvieran dentro de sus programas de enseñanza la exigencia de intentar elevar los valores humanos en cada uno de los alumnos. Cuando aparezca en la currícula de enseñanza en todas las instituciones educativas, un apartado especial para tratar estos temas, seguramente los países en corto tiempo se verían ampliamente beneficiados con una comunidad más llena de valores y como consecuencia una mejor calidad de vida.

¿Cuál es el mecanismo de auto defensa para no perder el rumbo en la sociedad?, si ese mecanismo es no tan fuerte como la sociedad misma lo requiere, las desviaciones que se presenten harán que se pague muy caro en el futuro, todo derivado de problemas que solo las futuras generaciones podrán corregir y reemprender de nuevo el camino.

Por lo pronto, se necesita una lucha decidida y constante para recobrar la brújula moral, siempre hay una esperanza para recuperar el patrimonio moral de nuestra sociedad. Y que mejor que los jóvenes entren en una defensa vigorosa de sus valores cuando estos empiezan a ser degradados.

En los momentos de mayor crisis, la actuación del empresario no debe estar fincada en un criterio de la supravaloración del beneficio, sino el trabajo de las personas en forma concreta, su desarrollo en el trabajo y su convivencia familiar, donde la dignidad en conjunto se vea favorecida.

Por eso se dice que se debe crear por todos los medios posibles una economía que permanentemente esté al servicio del hombre, donde se superen los contrastes privados y colectivos, donde se puedan vencer los egoísmos cuando sucede la lucha por la subsistencia. En este caso se impone a todos un verdadero cambio de estilo de vida y de radicalización de valores.

No todos tenemos la fuerza suficiente para autocorregirnos y procurar nuestra mejora constante, pero esto es lo deseable, lo urgente, sobre lo que se debe trabajar. Si esto se da, el progreso humano no sufriría tan grandes estancamientos y retrocesos que encontramos todavía en muchos países.

Las palabras "civilización" y "cultura" se usan de muchos modos. Algunos entienden por "civilización" el conjunto de conquistas materiales, descubrimientos prácticos y adelantos técnicos de la humanidad. Y entienden por "cultura" las conquistas semejantes de carácter teórico o en el puro campo del saber y del conocimiento, así como las creaciones artísticas. Otros lo entienden al revés. La verdad es que ambas cosas van siempre mezcladas. Y no hubiera sido posible, por ejemplo, descubrir las útiles aplicaciones que tienen las Tecnologías de la Información y de las Comunicaciones, sin un caudal de conocimientos previos; y a su vez, esas aplicaciones han permitido adquirir otras nociones teóricas.

El espíritu de perfeccionamiento humano, aún a pesar de sus vicisitudes logra que su cultura y civilización se apoye en creaciones artísticas y conocimientos teóricos como un desarrollo del espíritu. Pero cuando se pierde de vista la moral, esta cultura y civilización se degenera y destruye. Muchas de las maravillas logradas se distorsionan o se pierden. Cuanto hubiera deseado aquel sabio de apellido Nobel que su invento (la dinamita) se usara en forma exclusiva para desarrollo de la ciencia con fines pacíficos, sin embargo su uso fue enfocado a la destrucción.

Cuando se olvida la moral no hay adelanto cultural, siempre sucede así, el perder la moral donde se pierde el fin último que es el bien dentro de un contexto de ayuda y apoyo al hombre.

Existen países muy desarrollados pero no más cultos que otros más pobres, porque su cultura moral está cargada de un abominante materialismo, dejando de lado como base de entendimiento al ser humano en la práctica del bien y la verdadera satisfacción moral.

Aquellas sociedades cuyos valores morales han ido en decadencia sufren más para lograr una adecuada subsistencia entre su comunidad, porque son los valores humanos los que permiten una convivencia sana y de mayor respeto hacia el ser humano. El obrar bien y en base a valores, es una ventaja práctica, porque por el simple hecho de perseguir una conducta como ésta, ya se está al frente de un comportamiento social que necesariamente conduce al bienestar, en caso contrario que esperanza le queda a la humanidad, sin ninguna obediencia a ningún principio ni base moral.

Muy seguido la moral va en contra de nuestras aspiraciones o conveniencias personales. Al actuar en favor de otros, las satisfacciones personales seguramente podrán verse afectadas. Resulta mucho más sencillo y cómodo rehuir al compromiso que tomarlo, y es ahí donde la persona debe tomar una alternativa en esa dualidad de hacer o no hacer las cosas. Su muy propio instinto moral, considerado como un valor universal, le dictará su modo de acción. Ante este actuar de todas y cada una de las personas en particular se encuentra la armonía de la sociedad y la mejor subsistencia de los pueblos. Un no actuar dentro del orden moral nos podría arrastrar a vivir un ambiente de simples animales gregarios, cuya asociación se daría exclusivamente por impulsos naturales. Si se pierde como guía el bien superior, carente de voluntad moral la sociedad perdería también todo esfuerzo por la superación y nuestra vida sería imposible, nos destruiríamos en rebeldías sin objeto, nuestros días sería más estéril.

La justicia social

El problema más álgido de la justicia social es precisamente la desigualdad entre las personas, porque ésta inhibe la libertad humana, lo que resulta inaceptable en un mundo moderno, globalizado y altamente tecnificado.

Claro que este problema de la desigualdad es originado por el poder económico, pero también el político, que se presenta como una aberración ante una comunidad necesaria exclusivamente para unos en cuanto al trabajo no justamente remunerado, y para otros sólo como instrumento de votación en elecciones políticas, pero alevosamente alejados en cuanto a toma de decisiones económicas y políticas.

La desigualdad se aprecia en cuanto a ingresos o posesión de recursos, que en cualquier momento, éstos pudieran convertirse en activos productivos. En la clase pobre, estos activos son tan precarios que no les permite un adecuado bienestar, limitando a las personas en el sentimiento de pertenencia a una clase con calidad de vida.

Tiene que buscarse por sobre todas las cosas el generar un proceso igualitario, por medio de aquellos obligados a hacerlo como lo son los gobiernos, responsables directos de sus comunidades por ellos gobernadas, pero también cabe el compromiso moral de los empresarios, bajo un entendimiento claro de la necesidad que tienen las personas de un mayor grado de crecimiento económico y social.

Algunas reflexiones de S.S. Juan Pablo II respecto a este importante tema:

> "La percepción y la necesidad de la justicia se hacen cada vez más insistentes y acuciantes en la conciencia humana que, si reconoce por una parte los "resultados" conseguidos, sufre, por otra parte, con mayor intensidad las "inquietudes" causadas por las discriminaciones y carencias, que pueden lesionar las legítimas aspiraciones de los trabajadores.
>
> Efectivamente, la justicia social, en la visión cristiana, constituye la base, la virtud clave y el valor fundamental de la convivencia sociopolítica."

Superando las rígidas delimitaciones de la justicia conmutativa, la justicia social trata de subordinar las cosas al hombre, los bienes individuales al bien común, el derecho de propiedad al derecho a la vida, eliminando todo tipo de existencia y de trabajo que sea indigno de la persona humana.

Y aquí llegamos al punto central del problema, citando nuevamente a S.S. Juan Pablo II, refiere:

"...No me cansaré de afirmar que la economía y sus estructuras son válidas y aceptables únicamente cuando son humanas, es decir: hechas por el hombre y para el hombre. No pueden ser tales, si socavan la dignidad de cuantos -obreros y dirigentes- desarrollan allí su actividad; si debilitan sistemáticamente su sentido de la responsabilidad; si paralizan en ellos todo tipo de iniciativa personal, si, en resumen, no poseen un sentido y una lógica humana".

Tratar todos los aspectos sociales es cuestión de ética, cualquier acto que tenga relación con aspectos sociales, necesariamente deberá de verse desde esta perspectiva. El enfoque social debe darse siempre considerando la plenitud de dignidad de los seres humanos. La justicia social, presupone siempre que se da dentro de un marco bien definido de las libertades individuales o espirituales, esto permitirá promover al hombre de manera completamente integral.

Como ya lo he comentado en capítulos atrás, y debo recalcar porque esta situación es generadora de la desigualdad humana, problema básico de la justicia social, por eso insisto en que el problema clave de la ética social es el apoyo que se le de a los empleados para lograr un crecimiento personal por medio de mayores oportunidades en su desempeño, como lo es la capacitación, acciones tendientes a permitir la creatividad para mejorar en el desarrollo de sus responsabilidades en el trabajo, reconocimiento por logros, etc. Este crecimiento, agregado con una justa remuneración por el trabajo en cumplimiento de sus responsabilidades, conllevará a un logro ulterior reflejado en sus familiares en un mayor apoyo que fundamentará lo más preciado de la comunidad, que es su realización personal y además, le permitirá mantener dignamente una familia y asegurar su futuro.

Como ya lo comenté, constantemente se habla de que los empresarios deben ofrecer a los trabajadores oportunidades, desarrollo, mutua ayuda, ¿pero hasta dónde se está considerando esto?, se toma en cuenta, que es suficiente para sostener una familia, se está acorde con sus derechos naturales?, se le provee de lo necesario para vivir en forma digna?, es complejo establecer una regla, existen muchos factores que tomar en consideración, sin embargo, para asignar un salario debe considerarse ante todo al sujeto. Que mejor que al trabajador se le pudiera siempre considerar como un socio colaborador, y que su remuneración dependa de la importancia que tenga su intervención dentro del proceso del ciclo económico de la empresa.

La ecología

Ahora, cada vez se habla más de la ecología, se exige que todas aquellas acciones que se relacione o tenga efecto con la naturaleza, debe darse en condiciones favorables a ésta. Tal vez es un poco tarde, durante miles de años se ha abusado de una manera exagerada, y ahora se pretende ya no corregir, sino no continuar con en su menoscabo diario. Las organizaciones ya sea mundiales o nacionales en su alta preocupación por el deterioro de nuestra naturaleza están viendo la manera de conseguir que se logre el respeto al medio ambiente de todo ser humano, cuya educación debe partir desde su concepción hasta su ocaso natural.

No se puede engañar a la madre naturaleza sin pagar por ello un precio caro. Es un hecho que se han alcanzado niveles de contaminación del ambiente natural realmente alarmantes y temerosos. Existe el peligro de que esta situación, que afecta obviamente al mundo entero, provoque entre las personas más desprotegidas sus primeras víctimas. Es preciso dar vida a un nuevo tipo de colaboración entre los responsables de la producción y los cultivadores de la ciencia, a fin de no proceder hacia un desarrollo en sentido único que, a la postre, se revelaría mortalmente peligroso para todos. Es necesario responder a los interrogantes en torno a la seguridad con un empeño similar al que se ha puesto hasta ahora en la promoción de los intereses energéticos y productivos, con el fin de garantizar el respeto a la conservación de todas las posibilidades y bellezas del universo.

Las esperanzas de mejora humana no deben confundirse con las quimeras. Y aquí no es el criterio moral, sino la inteligencia y la cultura las que nos ayudan a distinguir. Esperar que al hombre le nazcan alas es absurdo. Pero ayudar al descubrimiento de la aviación o tener confianza en la ciencia que lo procuraba fue perfectamente legítimo.

Ahora bien, si consideramos a la especie humana en conjunto, vemos que ella se caracteriza por el trabajo encaminado hacia la superación. El animal sólo trabaja para conservarse. El hombre, para conservarse y superarse. Nunca se conforma el hombre con lo que ya encuentra. Siempre añade algo, fruto de su esfuerzo.

Pues bien, el respeto a nuestra especie se confunde casi con el respeto al trabajo humano. Las buenas obras del hombre deben ser objeto de respeto para todos ellos. Romper un vidrio por el gusto de hacerlo, destrozar un jardín, pintarrajear las paredes, dañar una señal o un teléfono público, quitarle alevosamente un tornillo a una máquina, todos éstos son actos verdaderamente inmorales. Descubren, en quien los hace, un fondo de inconsciencia, un desperdicio a los bienes de la comunidad y una falta de imaginación que le impide recordar todo el esfuerzo acumulado detrás de cada obra humana.

Hay ciudades en que se acostumbra separar los desperdicios de la vida doméstica, que llamamos genéricamente basura, para facilitar su recolección y su reaprovechamiento: papeles, vidrios, plásticos maderas, metales y desechos de la comida. Hacerlo es una manera de respeto al trabajo humano, pero a la vez consideración para atenuar el grave problema ecológico que en los últimos años se nos presenta.

La Naturaleza

El más impersonal de los respetos morales, el círculo exterior de los círculos concéntricos que acabamos de recorrer es el respeto a la naturaleza. No se trata ya de la naturaleza humana, de nuestro cuerpo; sino de la naturaleza exterior al hombre. A algunos les parecerá extraño que se haga entrar en la moral el respeto a los reinos mineral, vegetal y animal. Pero debe recordarse que estos reinos constituyen la morada humana, el escenario de nuestra vida.

El poeta mexicano Enrique González Martínez dice: ...y quitarás, piadoso, tu sandalia para no herir las piedras del camino.

No hay que tomarlo, naturalmente, al pie de la letra. Sólo ha querido decir que procuremos pensar con intención amorosa, animados siempre del deseo de no hacer daño, en cuantas cosas nos rodean y acompañan en la existencia así sean tan humildes como las piedras.

Dante, uno de los mayores poetas de la humanidad, supone que, al romper la rama de un árbol, el tronco le reclama y le grita: "¿porqué me rompes?" Este símbolo nos ayuda a entender cómo el hombre de conciencia moral plenamente cultivada siente horror por las mutilaciones y destrozos.

En verdad, el espíritu de maldad asoma ya cuando
enturbiamos una fuente de agua clara, o echamos inmundicias
a los ríos o desechos tóxicos al mar; o cuando arrancamos
ramas de los árboles por sólo ejercitar las fuerzas; cuando
contribuimos a ensuciar el aire que todos necesitamos; o
cuando matamos animales fuera de los casos en que nos sirven
de alimento; o cuando torturamos por crueldad a los animales
domésticos, o bien nos negamos a adoptar prácticas que los
alivien un poco en su trabajo.

Este respeto al mundo natural que habitamos, a las cosas
de la tierra, va creando en nuestro espíritu una conciencia
de la importancia que tiene para todos la preservación de la
ecología, esto es, de la relación que existe entre los organismos
vivos y el medio ambiente. Al mismo tiempo, este respeto nos
despierta un hábito de contemplación amorosa que contribuye
a nuestra felicidad y que, de paso, desarrolla nuestro espíritu
de observación y nuestra inteligencia.

Pero no debemos quedarnos con los ojos fijos en la tierra.
También debemos levantarlos a los espacios celestes. Debemos
interesarnos por el cielo que nos cubre, su régimen de nubes,
lluvias y vientos, sus estrellas nocturnas.

Qué bueno sería que cuando un hombre que tiene un
jardín, no ignorara los nombres de sus plantas y sus árboles,
sentimos que hay en él algo de salvaje; que no se ha preocupado
por labrar la estatua moral que tiene el deber de sacar de sí
mismo. Igual diremos del que ignora las estrellas de su cielo y
los nombres de sus constelaciones.

El cuidado del ambiente y la preservación del equilibrio
ecológico de la naturaleza son indispensables para nuestra
supervivencia. Y el amor a la morada humana es una garantía
moral, es una prenda de que la persona ha alcanzado un

apreciable nivel del bien: aquel en que se confunden el bien y la belleza, la obediencia al mandamiento moral y el deleite en la contemplación estética. Este punto es el más alto que puede alcanzar, en el mundo, el ser humano.

Las nuevas tecnologías

Ante las nuevas tecnologías, el empresario debe tomar nuevos retos y estar al pendiente de utilizar todo aquello que le favorece en relación a lograr una mayor productividad y eficiencia en el desempeño de su actividad..

Nos encontramos con un poder inmenso de los medios de comunicación social y la industria del entretenimiento.

Como la evolución válida de la técnica exige a las empresas urgentes cambios y nuevos proyectos, así también la atención al hombre exige igual sagacidad, inventiva y diligente generosidad, para la utilización de las nuevas tecnologías. En todos los aspectos de la vida empresarial está presente la tecnología, y aquella empresa que se tarde en utilizarla o sub utilizarla como sucede en innumerables casos, tendrá como consecuencia efectos irreversibles perjudiciales para el buen desempeño de la empresa.

Es el empresario moderno quien debe estar siempre al acecho de nuevas posibilidades del uso de las tecnologías, tanto las de información como las de comunicación, así como la de los procesos productivos, desarrollo de productos, prestación de servicios remota, etc. No hay excusa para no hacerlo, existe información suficiente y completa por todas partes sobre la disponibilidad y uso de las nuevas tecnologías.

EL GOBIERNO

Los gobiernos se han dado a la tarea de ser rectores de la economía, ellos tendrán que analizar, corregir, legislar sobre todos los factores que afectan el desempeño de una buena o sana economía dentro de un país. Muy seguido resulta hasta frustrante el ver que los efectos de una mala administración repercute con efectos negativos para la comunidad

La economía

Todo aquel que está o se inicia en el ramo empresarial debe necesariamente conocer algunos términos y conceptos que generan el medio ambiente económico y que repercuten en forma definitiva en él.

Los Regímenes políticos y la economía

El hombre debe luchar porque los regímenes políticos se ajusten permanentemente a un contexto de participación ciudadana permanente, so pena de que grupos específicos de personas no actúen adecuadamente ante su único cliente que es su comunidad, o bien que permanezcan en el poder demasiado tiempo en perjuicio de la misma ciudadanía. Lo mismo sucede con el poder económico, es necesario que el poder político en forma constante esté consultando a la ciudadanía sobre las decisiones importantes que tengan como consecuencia la afectación de intereses comunitarios.

De aquí se deriva la imperiosa necesidad que todos los ciudadanos de alguna manera participen y más los empresarios, quienes tarde o temprano cuentan o contarán con empleados y deberán aconsejar también de su participación. Muchos problemas se han suscitado y la participación ciudadana no se observa y cuando lo quiere hacer como reclamo no lo hace con entrega.

Si el panorama económico puede ofrecer mayor respaldo para aquel quien tiene la inquietud de desarrollarse como empresario, se contará con una economía desde todos los puntos de vista, más sana. La dualidad capital y trabajo se desarrollarán con más armonía. Más comentarios de S.S. Juan Pablo II:

> "La economía controlada por los gobiernos en cualquier país, debe basarse en el bienestar social, el resto de su gestión es puramente secundario. La comunidad se abruma de tantos datos macroeconómicos, los indicadores que muestran una guía del comportamiento económico de los países. Pero la esencia única de todo gobernante es elevar la condición de vida y convivencia de los seres humanos, bajo esquemas que sólo a él le permitan una permanente mejoría".

No hemos de olvidar nunca que la verdadera finalidad de todo sistema, sea económico, social o político, y de todo modelo de desarrollo es el desarrollo de la persona humana. El desarrollo es claramente algo mucho más fundamental que el mero progreso económico medido en términos de producto nacional bruto. El verdadero desarrollo tiene como criterio propio la persona humana con todas sus necesidades, sus expectativas justas y sus derechos fundamentales.

S.S. Juan Pablo II, Nos pidió que en cada momento se pueda dirigir una cordial exhortación a todos los: trabajadores, dirigentes, empresarios, administradores y, con gran respeto a las mismas autoridades de todo orden y grado a fin de que se unan las fuerzas para el relanzamiento efectivo y continuado de todas las capacidades productivas, en un clima de confianza, de valentía, de rigor moral, de seria y serena colaboración, que lleve a la superación de contraposiciones, las cuales podrían paralizar los más generosos esfuerzos de recuperación económica.

Tal pareciera que permanentemente se hace indispensable que el gobierno debe estar emanando leyes, no sólo para protección de derechos de los trabajadores, sino para regular la interrelación con las empresas. Sin embargo es tarea de los empresarios y grupos de éstos el buscar soluciones que permitan una relación que conlleve a una situación de ayudas y apoyos entre personas, antes que una relación meramente económica del capital y el trabajo, por lo tanto, las empresas y sus organizaciones, deben contar con una sólida base doctrinal que parte de un concepto trascendente del hombre, de su eminente dignidad, de su libertad y responsabilidad, de su solidaridad y amor hacia sus semejantes, de sus exigencias de justicia, de su vocación de bien común.

Nadie tiene una solución sencilla y fácil, todos los problemas relacionados con el trabajo humano. La tarea de encontrar soluciones no puede ser confiada a un grupo particular de la sociedad; la gente no puede mirar exclusivamente a los gobiernos como si ellos solos pudiesen encontrar soluciones; ni a las grandes o pequeñas empresas, ni a la unión de los empresarios, ni a las fuerzas individuales del trabajo. Todos los individuos y todos los grupos deben interesarse por los problemas y sus soluciones.

Está claro que es necesario un sentimiento muy vivo de los derechos y de los deberes de cada una de las partes de todos los que se hallan en el mismo banco de trabajo para cooperar el bien común, como ha tratado de esclarecer en su encíclica "Laborem exercens".

Las expectativas y las exigencias en un modelo económico

Esta situación de crisis se debe en buena parte a un resquebrajamiento de los valores tradicionales; libertad, trabajo, sobriedad, amor al semejante, generosidad, sacrificio. Ante el impacto del progreso tecnológico y de las comunicaciones se ha creído posible el desarrollo social total, el bienestar para todos, el paraíso en la tierra. Algunos gobernantes en repetidas ocasiones han hablado ya de no la igualdad de oportunidades sino de la igualdad de seguridades. La tensión perenne entre la ética y la economía, -entre lo que debe hacerse y lo que puede hacerse-, se piensa que está ya resuelto. Las expectativas y exigencias de todas las clases sociales se abultan y desbordan. Y vemos cómo en muchos países de América Latina, la inflación -ese suicidio lento de la sociedad- avanza incontenible, frente a un gobierno al parecer resignado a una ciudadanía desconcertada e impotente.

Puede decirse que en nuestro medio hay un tremendo vacío de ideas y de acción, hay apatía y desorientación. Hace falta una filosofía social aplicada, sana y clara que nos trace el camino y un liderazgo capaz y decidido que nos lleve por él.

En el campo de la economía y en particular en el empresarial es evidente que hace falta ese cuerpo coherente de ideas rectoras y ese liderazgo. Las soluciones del liberalismo económico ya no funcionan y las que ofrecen los estatismos populistas o socialistas tampoco resuelven. Los empresarios, tanto en sus empresas como en sus organizaciones, deben mostrar ese liderazgo capaz y decidido que la hora actual reclama.

Aquí es donde tiene que tomarse el compromiso o misión de orientar en las ideas y a alentar la voluntad de acción.

Contamos con una ideología empresarial y si descartamos este término por riesgo de confusiones, podemos decir que contamos con una filosofía empresarial, con un conjunto bien fundamentado de criterios que proponemos para la acción, con una interpretación y aplicación de nuestra doctrina a los objetivos propios de la empresa y de sus dirigentes, frente a la realidad económica y social de la mayoría de los países latinos.

Se debe ofrecer a los empresarios, al gobierno y a otros agentes sociales, un acervo de iniciativas probadas, de proyectos y experiencias, de vías posibles de acción, para configurar una empresa más productiva pero también más humana, para construir juntos una economía a la dimensión del hombre, una economía que esté en verdad a su servicio. A la vez, se requiere que los gobiernos abran su mente y oídos para actuar en consecuencia.

Y esto debemos hacerlo a partir de lo que está más cerca de nosotros: nuestra propia empresa, nuestra empresa como instrumento de superación y avance social. Hacerla un núcleo de auténtica eficacia productiva. Hacerla, por medio de una inteligente participación, un reducto de libertad, de creatividad, de iniciativa, una segunda escuela en la que sus hombres encuentren confianza, amistad, afecto. Una empresa en la que sus hombres, al fin reconciliados, se una en el logro de objetivos comunes, una empresa fraternal, una empresa con alma. Podemos, en pocas palabras, ofrecer a la sociedad un modelo real y vivo de una institución que puede servir a su vez para la transformación de otras instituciones de la sociedad misma.

La economía en general y la empresa en particular no pueden orientarse sólo por las utilidades.

La doctrina social que la Iglesia propone, se orienta cada vez más hacia una ordenación del trabajo y del proceso de producción industrial que responda plenamente a la verdadera dimensión de la persona humana, principio y valor ético insustituible en la actividad económica, porque la economía y la producción son para el bien del hombre y no el hombre para la acumulación del capital. Una economía orientada exclusivamente a las utilidades, no crearía comunidad de personas, ni engendraría una auténtica cultura social de participación responsable de todos los sujetos de la empresa.

Responsabilidad del Poder Público

Mucho se ha escrito sobre cuestiones relacionadas con el poder público, el actuar de éste ha sido tan cuestionado y ocasiona tanto furor periodístico que a veces se pierde el entender su esencia.

Seguramente, muchos siglos atrás, algunas personas vieron que era conveniente tener personas especializadas para dar servicio al resto de la comunidad, como lo es la defensa y la seguridad, obras especiales de protección, aplicación de justicia en caso de controversia, etc., y a cambio de ese servicio, recibirían la propia manutención o un pago para tal fin. Así tendría que surgir el concepto de estado.

A veces resulta tan difícil entender la transformación que con el tiempo se ha dado en su concepto básico, ahora es necesario hacer previamente política, pero hay otros haciendo lo mismo, convirtiéndose en un arte, incomprensible para la inmensa mayoría de personas, quienes después de todo tendrán que contribuir con sus impuestos para pagar a aquellos.

Todo estaría muy bien si no es porque normalmente el servidor público no atiende la necesidad de sus representados con prontitud y eficiencia de tal forma que no se deteriore su nivel de vida. Y no lo podrá hacer porque el gasto administrativo para hacer obra, impartir justicia, y otros menesteres importantes resulta demasiado alto, sin hacer referencia precisamente al número de personas, cantidades pagadas, bienes subutilizados, puestos no indispensables, etc., sino a la oportunidad que muchos de los mismos servidores se dan para ser infieles a sus cargos al obtener desproporcionado enriquecimiento.

Todos los pueblos cuentan con una ley suprema, o bien; un conjunto de normas y regulaciones básicas, en ocasiones llamada Constitución con la cual han de regirse, emanada de la voluntad popular (en base a una doctrina democrática) por medio de sus representantes y es el mandamiento máximo, de ella dependerán todas las demás leyes y que deberá aplicarse sin excepción a todas las personas, tanto a los que conforman la comunidad como a los que emanan de ella como servidores públicos. Cabe reflexionar ahora sobre la estricta aplicación de las leyes, los obligados a aplicarla y su rectitud al ejercer justicia. ¿Cuántos países entran en guerra o se forman grupos que se involucran en actos de guerrilla ante una insaciable sed de justicia, o simplemente si las mayorías viven en un grado considerable de insatisfacción derivada de la injusticia?. Cualquier acción de éstas se tipifica como delito en nuestras leyes, ya que nadie podrá hacerse justicia por su propia mano, sin embargo lo que se desea son actos de justicia que les permita una mejor sobrevivencia. Se pueden señalar dos aspectos muy importantes: o las leyes no son justas, o si lo son, no se aplican con justicia. Definitivamente ambas cosas suceden, los que se encargan de hacer leyes, tal parece que más que hacer su función de legisladores, hacen política, cuyo beneficio no lleva como destinatario a aquel que requiere de la justicia. Si no es así, ¿porqué el mismo Estado se olvida de ser justo con los marginados, comunidades enteras sufren del olvido?. Aunque hacer justicia no es dar bienes, sino dar oportunidades para que la comunidad se genere sus bienes y en consecuencia su satisfacción personal.

Es necesaria una mejor convivencia, de tal forma que sea lo más justa posible, y no sólo debe darse a nivel personal sino también de grupos, para ello es entonces la política, este es el problema de siempre, cómo lograr una justicia conveniente a todos, donde el gobierno aplique en forma igualitaria los principios de bien y justicia.

La subsistencia de la sociedad es indispensable pero no prioritaria a la subsistencia de cada ser humano, al contrario, el ser humano y sólo él es el centro de toda actividad desarrollada por los gobiernos, o por los empresarios cuando de economía se trata. Al ser humano como tal, se le debe mucho respeto, cuando éste se logre en su totalidad, a la sociedad se verá un crecimiento palpable en sus formas de vida.

Se observa dentro de la sociedad una marcada falta de urbanidad y cortesía, en muchas ocasiones se raya en la grosería y abuso contra los débiles, como si el ser humano, el prójimo, no existiera o su valor fuera menor al de otros. La cuestión política de los gobiernos debiera de servir también para sobrevalorar estos aspectos de legítima convivencia humana.

Otro aspecto relevante dentro de las responsabilidades del poder público es el alto grado de impunidad ante los delitos que se comenten en todos los niveles, o los infractores no son sujetos a proceso jurídicos, o bien, la documentación no se integra adecuadamente, o los jueces encargado de establecer justicia resultan demasiado benevolentes.

En todas estas cuestiones relacionadas con la responsabilidad del poder público, el empresario debe formar agrupaciones o uniones muy fuertes que tomen como reto el exigir una mejor actuación en todas y cada una de las responsabilidades que el gobierno debe llevar a cabo.

Empresarios, Trabajadores y Desarrollo

La generación de riqueza es fundamental para un mejor vivir de la sociedad, aunque muchas personas con poder económico que han logrado hacer grandes capitales, han preferido manejar sus fortunas por medio de operaciones bursátiles, donde se toma al capital mismo como fuente de riqueza por la renta que éste le proporciona, y la productividad esperada por la sociedad donde se vea como una fuente de empleos, fuente de impuestos, oportunidades para otras empresas y profesionistas, no se ve beneficiada. Por supuesto que invertir en la industria, comercio o cualquier otra modalidad podrá ofrecerle mayores rendimientos, pero obviamente corre riesgos, y muchas personas con capital prefieren esta situación a mayores ganancias, pero la consecuencia ante la sociedad se refleja en menores empleos y a la vez mayor pobreza y menor desarrollo económico para los países y sus comunidades.

Vuelvo a insistir a quien se encuentre en una posición empresarial, cuya preocupación social es evidente y que procuran una aportación al verdadero desarrollo en la sociedad, éste no puede provenir de una mera acumulación de riquezas o en una mayor disponibilidad de los bienes y de los servicios, sobre todo cuando ésta se obtiene a costa del subdesarrollo de muchos y apartados de la consideración por la dimensión social, cultural y espiritual del ser humano.

Dejando a un lado el análisis de cifras y estadísticas, debe llamar la atención de algunos indicadores genéricos que nos permiten mirar la realidad en muchas comunidades, observando una multitud ingente de hombres y mujeres, niños, adultos y ancianos, en una palabra de personas humanas concretas e irrepetibles, que sufren el peso intolerable de la miseria, como consecuencia del subdesarrollo económico.

El subdesarrollo cultural.

Los gobiernos intentan con su lucha, acabar con el analfabetismo, utilizando métodos y diseños que la mayoría de las veces apenas si funcionan, sin embargo constantemente se tropieza con la dificultad o imposibilidad de acceder a los niveles superiores de instrucción, existe una manifiesta incapacidad de ofrecer posibilidades a un mayor número de personas este tipo de instrucción, que necesariamente conllevará a participar en la construcción de la propia Nación. Por otro lado, existen irremediablemente varias y diversas formas de explotación o de opresión económica, social, política y también religiosa de la persona humana. Sus derechos naturales están sujetos a las más variadas discriminaciones de todo tipo, pero de modo especial la más odiosa basada en la diferencia racial, practicada en muchas naciones.

En este sentido, y para aquilatar este problema, la empresa debe participar y la suma de sus esfuerzos ayudará enormemente a ir desterrando estos grandes problemas del subdesarrollo cultura.

Sin embargo, desde hace mucho tiempo y en muchos países en el mundo actual, es menester indicar que, no se ha querido entender la responsabilidad básica que la iniciativa privada tiene, al contrario, se le considera en ocasiones como entes no indispensables en el desarrollo social, y por lo tanto se opta por reprimir a menudo el derecho de iniciativa económica. Se ha intentado ignorar que se trata de un derecho importante no sólo para el individuo en particular sino además para el bien común. En general se observan muchos obstáculos a la iniciativa privada para trabajar en este campo, tal pareciera que el desarrollo es función única de los gobiernos.

Subdesarrollo en países industrializados

Pero no sólo se observa retraso en países subdesarrollados, el bienestar social se ve afectado cuando no se cuenta con un espacio adecuado para vivir, es notorio que la falta de viviendas se verifica a nivel universal y hasta los lugares más desarrollados presentan el triste espectáculo de individuos y familias que se esfuerzan literalmente por sobrevivir, sin techo o con uno tan precario que es como si no se tuviera. Muchas ciudades ricas presentan en muchos de sus suburbios un espectáculo desolador, donde sus habitantes se encuentran agobiados por el fenómeno del desempleo y del sub desempleo.

No basta la eficiencia

Entonces, cuando una nación ha hecho todos los intentos por lograr un mayor desarrollo, aplicando para ello todo grado de eficiencia, vemos con toda claridad que no se logra lo principal e importante para su comunidad en forma cabal, ya que no se reconoce precisamente la dignidad de cada uno de los hombres en su ser como persona. Toda relación social presupone una guía ética en su actividad social bajo un enfoque provista de una visión del hombre en forma integral, debe proponer y desarrollar una serie de soluciones parciales y técnicas de cada uno de los problemas, aunque no se logre una sociedad más humana, quizá se vaya logrando una acción más eficiente dentro de la organización social.

Las sanciones generan confianza

La subsistencia de la sociedad es indispensable a la subsistencia de cada ser humano y de la especie humana en general. Los respetos sociales son de varias categorías, según sean más o menos indispensables a la subsistencia de la sociedad. Se procura, pues, impedir las violaciones contra esos respetos; y si las violaciones ya han acontecido se las castiga para que no se repitan. Esto establece, frente al sistema de respetos, un sistema de sanciones para en caso de violación. Y sólo así se logra la confianza en los respetos, sin la cual la sociedad sería imposible.

La Ley y el Derecho

Todas las sociedades requieren, con la finalidad de dirimir conflictos, de un estado de derecho, y éste a la vez un conjunto de leyes que regulan todas las actividades de los seres humanos cuando éstos entran en relación entre sí.

Todo se debe al estado de imperfección que existe dentro de la comunicación y relaciones humanas, si fuera perfecto, cada quien actuaría en tal forma que nunca afectaría intereses de las otras personas, todo se daría en un extremo respeto social.

Sin embargo derivado de faltas a la convivencia humana, tendrá que haber leyes que prevean castigos a aquellos que las infrinjan afectando a terceros ya sean personas físicas, morales o el mismo gobierno. El derecho debe establecer justicia en todos los tratos y compromisos entre los hombres, y la igualdad ante ese derecho es el ideal del hombre. Qué bueno sería que las personas más preparadas, que se consideran de mayor altura cognitiva, fueran las que adquirieran también un mayor compromiso y responsabilidad social, en relación a los menos preparados.

Pero sobre todo la ley y el derecho deben de ofrecer una garantía indiscutible de libertad al ser humano y no una mera imposición de criterios respecto a lo que la "sociedad" necesita.

La ley es entonces símbolo de justicia, sin embargo, al amparo de ésta muchas personas se han hecho poderosas y ricas. Es legal que una persona adquiera una propiedad de otra persona desvalida a un precio irrisorio, a todas luces se observa que es injusto y dañino para el necesitado, sin embargo no se está actuando fuera de la ley, ésta permite cualquier transacción comercial, siempre y cuando ambas partes estén de común acuerdo. Tal vez haya otros reductos legales que intenten demostrar abuso y consecuentemente ilegalidad, pero en el común de las gentes no se practica.

Entonces en el derecho se tiene constantemente un conflicto, el riesgo de tener leyes injustas, es decir; hay violaciones morales, que visiblemente afectan a las personas pero que no precisamente son violaciones jurídicas.

Sócrates decía que:

"Es peor cometer una injusticia que padecerla porque quien la comete se convierte en injusto y quien la padece no".

Pero la pregunta aquí es ¿cuándo entonces se puede llegar a ser injusto?, en el caso del gobierno, a través de los juzgados, instaurados para impartir justicia, no precisamente se encargan de ponerla en práctica sino solamente de aplicar las leyes aunque sean injustas.

Ética y Fiscalización

Para que el estado pueda operar y proporcionar servicios públicos a la comunidad, necesita la contribución de todos. Estos son los impuestos y los derechos que se pagan, proporcionalmente a las exigencias de cada persona. Rehuirlos o intentar el engaño, además de delito, es romper la solidaridad social, es querer disfrutar beneficios sin participar en la carga común.

Un sistema fiscal justo ha de basarse en las necesidades del bien común y apoyarse en la conciencia responsable de los ciudadanos, según lo comenta Guy Cosee de Maulde, profesor en la Escuela Práctica de Altos Estudios Comerciales de Bruselas, dice:

> "que antes de presentar una óptica ética sobre las cuestiones fiscales, es oportuno precisar nuestros criterios de referencia".

En lo fiscal como en cualquier otra cosa, se ha de confrontar nuestra conducta con nuestro sistema de valores. En éste parecen fundamentalmente dos valores: La solidaridad y la iniciativa personal. Refiriéndonos a ellos es como podemos tratar de juzgar la buena fundamentación del régimen fiscal que se da a una sociedad democrática y la legitimidad de los comportamientos de los ciudadanos en este asunto (sus deberes y sus derechos). Nuestro intento no es evidentemente presentar juicios definitivos. Más bien es proponer pistas de juicio para orientar nuestras decisiones que tienen, lo queramos o no, un carácter político.

La legitimidad del impuesto es aceptada por todos en principio. Pero, en nuestras conversaciones ordinarias no se necesita esperar mucho para oír afirmar su carácter excesivo o el mal uso que de él se hace. Estas quejas no son de ahora. Recuerdan las de nuestros padres o abuelos, con que frecuentemente trataban de justificar las mil y una maneras de evadirlo.

La cuestión de la legitimidad del impuesto está íntimamente ligada a nuestras concepciones de la propiedad y del Estado.

El derecho de propiedad ¿da un derecho absoluto y exclusivo sobre los bienes que poseemos? No pensamos así. Según una tradición que se remonta muy lejos, a la Biblia, todos los bienes de la tierra deben servir a todos sus habitantes. En relación a este principio del destino universal de los bienes, se sitúa en segundo lugar el derecho de propiedad privada: Lo que cada uno posee legítimamente debe aprovechar no sólo a uno mismo sino también a los demás.

En cuanto al Estado, se afirma generalmente que su misión es la de vigilar por el bien de todos ¿Pero cuál es la extensión de su papel? ¿Se limita a la custodia del derecho o al mantenimiento del orden público o va, en otro extremo, hasta a regir la vida económica en el detalle?

Para precisar la misión del Estado, parece iluminadora la preferencia a aquel principio director que la reflexión cristiana sobre la sociedad ha dado el nombre de principio de subsidiariedad. En una perspectiva así, el Estado no tiene que sustituir a los ciudadanos: a él le corresponde dejar que ellos asuman sus responsabilidades según sus propias capacidades, más aún les ha de ayudar positivamente a ello. Por el contrario, a él le toca asegurar las funciones que sólo él puede cumplir: sea porque sobre pasan las capacidades de los individuos de sus grupos, sea porque sería peligroso para la sociedad que les dejara su dominio.

De cualquier manera, al gobierno le toca la tutela del derecho y del mantenimiento del orden, los poderes públicos tienen también el cargo de velar por el desarrollo y la prosperidad de los ciudadanos, en particular de aquellos que están en peligro de sufrir las desigualdades reales.

En relación a todos estos cargos es como el impuesto encuentra su justificación. Debe servir para financiar los bienes y servicios públicos así como los equipamientos colectivos con que la población estima poder contar, en el marco indudablemente de las efectivas riquezas de la nación. Esto es lo que frecuentemente se denomina la función asignativa del impuesto, a la que puede estar anexa una función de redistribución. El impuesto puede tener igualmente una función estimulante: en el seno de una política económica general, puede ser modulado de tal modo que influya en los comportamientos de los agentes económicos (particulares y sociedades) en vista de objetivos económicos reconocidos como valiosos: estímulo al ahorro, a la oferta de empleo, al consumo...

Desde el punto de vista ético, podemos plantearnos muchas interrogantes; ¿qué tareas deben cumplir los poderes públicos? ¿Conque eficacia las cumplen? Los responsables políticos, los servicios públicos mismos (no sólo a nivel de dirección) tienen ciertamente deberes en este asunto. Tienen que rendir cuentas. Pero todos los ciudadanos y cada uno en particular tienen igualmente que asumir sus responsabilidades políticas: por una parte ¿qué política quieren, con qué opciones de solidaridad? Por otra parte, ¿cómo contribuyen al financiamiento de estos bienes y servicios de que se benefician solidariamente sus conciudadanos sin quizá dar cuenta de ellos?

En lo que respecta a este último punto, parece importante, desde un punto de vista ético, darnos cuenta, como ciudadanos, tanto de los deberes como de los derechos. Y tener conciencia tanto de lo que somos deudores directa o indirectamente a los poderes públicos (enseñanza, inversiones colectivas, etc.) como de lo que seríamos en razón de esperar más de ellos.

En cuanto a las opciones políticas mismas, es evidente la importancia de velar por los equilibrios fundamentales de la economía del país (sin dejar de ubicarlos en relación a los países vecinos), pero también es esencial medir bien los aspectos éticos de las opciones que preconizamos: Si, por ejemplo, deseamos reducir la masa de impuestos, ¿cuál será el impacto de esta decisión sobre la calidad de la enseñanza o de la investigación, sobre las prestaciones de cuidado de la salud, sobre las demás prestaciones de seguridad social, y con qué consecuencias para nuestros conciudadanos menos favorecidos con quienes la concepción cristiana de la vida invita a ser verdaderamente solidarios?

Bien entendido, cuando se trata de determinar el monto de ingresos fiscales a percibir, conviene tener una vista de conjunto y tener en cuenta los efectos malos de las medidas con que se sueña.

Una primera conclusión es manifiesta: toda reforma fiscal (y parafiscal) no puede ser considerada en el encuadramiento de una política global, teniendo en cuenta el conjunto de servicios que los ingresos fiscales (y parafiscales) deberán financiar, en particular en el ámbito de la seguridad social.

Una segunda conclusión es evidente: los objetivos de una política fiscal son diversos. Pueden entrar en competencia, por lo menos en corto plazo. Se trata entonces de estar seguros de su coherencia en el plazo más largo y de operar las opciones que aseguren lo mejor (o el menor mal, en función de las limitaciones) posible los valores fundamentales de la solidaridad y de la iniciativa individual personal.

Para asegurar una repartición equitativa de las cargas de impuesto, parece razonable tasar de modo parecido a los agentes que tienen una capacidad contributiva parecida. Ciertas personas la llamarían "equidad horizontal". Igualmente parece razonable, por motivos de solidaridad, imponer más y aun de un modo progresivo (y no proporcional) a los agentes que tienen una capacidad contributiva más alta. Se hablará entonces de "equidad vertical".

La manera de establecer la "progresividad del impuesto" y de fijar sus tasas es un acto político que depende de opciones políticas mencionadas arriba. Para establecerlas, el valor de la iniciativa personal nos parece deber tomarse en cuenta, juntamente con el de la solidaridad. En la medida en que los últimos tramos imponibles son efecto de un esfuerzo personal, no me parece justo verlos convertidos totalmente en impuesto. Por esto nos parece justificado establecer tasas máximas de imposición. En cuanto a estimar sus niveles, el moralista no podrá sino sugerir que se tengan en cuenta las circunstancias.

La base de imposición

En todas las naciones, cada gobierno de cualquier nivel, con el fin de recaudar fondos para afrontar inversiones públicas y gastos, tienen que legislar para lograr la mayor recaudación posible, por lo que determinan diversos tipos de impuestos y derechos para sortear las erogaciones que los programas sociales requieren, sin embargo, en muchos de los casos resultan desproporcionados y nada motivantes, lo que provocan generar una fuerte omisión de la obligación moral y legal de pagar impuestos.

Muchos de los impuestos y derechos son considerados por muchas personas como injustos o desproporcionados, y efectivamente, muchos de los impuestos son totalmente injustos, y no se entiende porque el quehacer de muchos políticos que tienen la responsabilidad dentro de los congresos ya sean diputados o senadores, para legislar al respecto, si hacen este trabajo, pero no es precisamente derivados de grandes estudios y análisis de lo más conveniente para la ciudadanía.

Hablando nuevamente de omisiones, muchos causantes consideran, y con mucha razón que muchos de los reportes o formatos de declaraciones de impuestos son muy complicados, principalmente en algunos países, donde se convierte esta obligación en una verdadera calamidad, en la mayoría de los casos, al no poder hacer, llenar y presentar declaraciones de impuestos en forma personal, tienen que recurrir a personas especializadas para lograr el objetivo y cumplir con el mandamiento legal.

Lo complicado para el pago de impuestos es que no hay una base más firme para el cálculo de los impuestos, sino que están identificados de muchas formas, por decir algo, en muchos países tienen bases de impuestos como las siguientes:

- Impuesto sobre las utilidades (Renta).
- Impuesto sobre los ingresos.
- Impuestos al gasto o consumo de bienes y servicios.
- Impuesto derivado de la tenencia o posesión de bienes (Principalmente propiedades).
- Impuesto sobre adquisiciones
- Impuesto sobre inversiones
- Impuesto sobre prestación de servicios
- Impuesto derivados de concesiones
- Impuesto sobre seguridad social, ahorro, vivienda, etc.
- Impuesto sobre nóminas
- Impuesto para la educación.
- Permisos, emisión de pasaportes, cuotas de peaje, etc.
- Impuestos sobre depósitos en efectivo.

… Más los diversos impuestos estatales y municipales.

Vaya que es complicado cumplir con todos los preceptos impositivos, pero independientemente de ello, cada momento en que una persona paga cualquier tipo de impuesto, le salta de inmediato el cuestionamiento de si se están aplicados adecuadamente por parte del gobierno. Y la duda se presenta cuando a diario se observa en los diarios con noticias sobre la ineficiencia y lo poco moral con que muchos de los políticos utilizan los recursos, encontrando muy seguido información sobre despilfarros en los presupuestos públicos, malos manejos, enriquecimientos ilícitos, sobornos, etc.

Cabe comentar que muchos gobiernos no venden bien la idea de que el dinero de los contribuyentes es bien utilizado, bien aplicado, por lo que, no convencen que el pago de impuestos es justificado y las personas que deban pagarlo pudieran sentirse satisfechos con su contribución. Y la verdad es que tal vez no tengan los suficientes argumentos para hacer creer en eficiencia, honestidad, capacidad, planeaciones correctas, etc.

Indudablemente el servidor público tiene la obligación moral de utilizar los impuestos de los contribuyentes con mentalidad de ahorro y buen empleo de los recursos.

Otro aspecto que afecta mucho en el quehacer empresarial son las medidas coercitivas que se aplican cuando alguien no hizo con oportunidad el pago de impuestos, al contrario, esta acción se ve como "terrorismo fiscal", porque el gobierno toma el papel de aplicar la ley impositiva, sin importar las causas o razones por las cuales un impuesto no ha sido pagado en determinado momento. Muchos de los casos se dan por desconocimiento, en otras ocasiones, causas de fuerza mayor en cuanto al quehacer empresarial. Que bueno sería que hubiera la intencionalidad de que la autoridad recaudatoria no se convirtiera solamente en un cobrador de impuestos, sino en un ente de apoyo y soporte, de capacitación, etc., que gusto daría contar con ellos como facilitadores y consultores.

El empresario de ninguna manera desconoce esta situación sino que a diario la vive, al igual que quien emprende, todos son sabedores de que hay que participar en el gasto público, por lo que hay que tomar todas las precauciones posibles para no fallar en lo que es correcto. Tiene que apoyarse en expertos porque el desconocimiento de las leyes impositivas no lo exonera de responsabilidad.

Ahora bien, que pasaría si se estableciera un impuesto único, basado en el movimiento de efectivo, de tal forma que como éste se mueva dentro de un país, de tal forma que la suma de todos los depósitos bancarios de las empresas o personas, se convirtiera en la base para el pago de un impuesto único, claro que se debería hacer una escrupulosa definición sobre los ingresos depositados, evitando caer en duplicidades y otras cuestiones que a la postre pudieran resultar injustas.

Habría captación globalizada, se convertiría en un impuesto progresivo, por lo que, una persona de altos movimientos económicos y financieros, tendría un pago mayor, caso contrario con las personas de bajos ingresos o indigentes. Desconozco si realmente haya iniciativas para legislar al respecto, porque después de todo, poco o nada se ha legislado al respecto. El impuesto debería equivaler a la totalidad del gasto público dividido entre el monto de las transacciones bancarias.

Habría que evitar, en la óptica de una política de inversión, las distorsiones en el trato de ingresos de capitales de riesgo y de los de capitales de no riesgo.

Vale la pena que los legisladores, los estudiosos y especialistas, investigaran y analizaran la posibilidad y conveniencia de hacer un impuesto global como el que se comenta, la mayor utilidad sería el facilitarle al contribuyente el cumplimiento con su obligación de realizar el pago de impuestos.

Por fortuna, muchos países tienen como condición primordial el uso de la transparencia, como obligación de todas las dependencias gubernamentales (bueno, hay algunas consideradas como manejadoras de información confidencial o estratégicas, que no tienen obligación de informar al público), y cada vez más existe la exigencia de la comunidad de que quien ostente un puesto en cualquier esfera del gobierno, debe informar sobre lo que hace, cómo lo hace, cuánto cuesta lo que hace, quienes integran un departamento, cuánto ganan. En fin, el servidor público, debe poner a disposición de la comunidad, todos los datos posibles sobre el manejo de su área de responsabilidad.

Ha resultado complicado, muchos gobiernos no aceptan con facilidad la transparencia, principalmente porque disminuye su coto de poder, el manejo a su propia discreción de un recurso público, pero ha habido grandes avances, el medio más eficaz para hacerlo ha resultado el Internet, mediante páginas exclusivas para ofrecer otra información.

En algunos países que ha establecido dentro de sus leyes la obligación de la transparencia, sin embargo, en muchas dependencias gubernamentales, tienen que verse obligadas a dar información solicitada por cualquier persona de la comunidad, mediante la intervención de otras autoridades creadas para ese fin.

Como toda ley, deberá ser tan simple y transparente como sea posible. Para el contribuyente, es una exigencia de justicia y de democracia. Es también una condición de control eficaz. Porque un control es necesario en esto como en cualquier otra cosa.

¿Qué decir del control? Quisiera solamente insistir aquí sobre la simplicidad y la transparencia de los procedimientos, por razones de justicia y de democracia como acabamos de recordar. Quisiéramos también recordar la cuestión de las penas. No pueden ser minimizadas.

EL EMPRESARIO

La única forma que un país tiene como opción para que genere riqueza, es y ha sido por medio de la existencia de las transacciones comerciales que sus gentes realizan, ya sea en su ámbito interno o externo al entrar en relaciones con otros países. Desde que los primeros pobladores hicieron sus primeras operaciones de trueque, se vieron visos de desarrollo económico.

El trueque se daba ante la necesidad existente en ambas partes, de los productos que cada uno de ellos ofrecía, ya que obtenerlos por si solos, sería más costoso que el producto que ofrece en cambio. Un país tiene mucha habilidad y clima para producir bienes agrícolas, y además excedente a su consumo; otro país la tiene en producción de productos de acero, entonces hacen el trueque, donde ambos salen ganando, porque el grado de especialización les permite abatir costos de sus productos, no así, en los de su contraparte. En este caso, al existir un ahorro de esfuerzo, automáticamente se está dando una posibilidad de incremento en la riqueza.

Bajo esta tónica y considerando el legítimo derecho que todo ser humano tiene para lograr más con el mínimo esfuerzo y que ése ahorro de esfuerzo le permitan desarrollar más tareas para lo que él es hábil, se justifica la existencia de los empresarios en cualquier área (comercial, industrial, de servicios, Etc.).

Aún más, el empresario con la diferencia legítima que existe entre el costo de producir o poner a disposición del cliente y el precio de venta, debe utilizarla en pagar sus productos y apoyar en el enriquecimiento a su proveedor, a sus colaboradores proporcionando empleos, apoyar al gasto público mediante el pago de impuestos, adquirir nuevas tecnologías para lograr cada vez más, abatir costos y a la vez impulsar éstas, a sus clientes permitiendo que éstos puedan adquirir productos más económicos.

En fin, la vida del empresario es tan útil que sin él, el avance económico de los países no pudiera tener el crecimiento que toda comunidad anhela.

Tenemos el caso de un joven, que como muchos, desea que se realice un cambio en su vida que les permita tener un mayor grado de seguridad y calidad de vida y la de su familia ha decidido emprender haciendo uso de su propia libertad. Por algún tiempo ha intentado aprender por muchos medios, ya sea experiencias logradas con otros empresarios o bien, instrucción escolar, con auto preparación, o combinando todas, de tal forma que desea ya incursionar en el terreno empresarial.

Este joven aventurero en los negocios tomó como antecedente el desempeño de una empresa que maneja un familiar suyo y que cree que es su mejor oportunidad para emprender.

Tiene la "plena" seguridad de que durante algunos lustros podrá ser un empresario importante para su comunidad. Ya sabe que deberá utilizar en forma adecuada el arduo trabajo, el ahorro, el servicio al cliente, la productividad, la competitividad, relaciones humanas, etc. Sabe que habrá altibajos, sin embargo está dispuesto a correr los riesgos que su nueva ocupación empresarial va a traer durante su desempeño.

Él se siente muy seguro, entiende muy bien que el empresario, primeramente debe de ser emprendedor, consistente esto en saber tomar riesgos, también, tener conocimiento y además experiencia sobre los aspectos referentes a la empresa que generará.

Para iniciar pensó en recopilar una serie de informaciones que le permitiera conocer más del producto, conocer de los clientes, conocer de la administración y de la gestión impositiva, como primer término.

Indudablemente que estaba dispuesto a invertir parte de sus ahorros en adquirir un terreno, construir conforme las necesidades lo requieran, adquirir un vehículo motriz para mover las mercancías, e inicialmente hacer importación de las mercancías hasta conseguir mejores precios con proveedores regionales o nacionales. Con el tiempo, adquirir un préstamo bancario para incrementar sus inventarios.

Para tal efecto hizo una simulación, haciendo un ejercicio, desde la instalación de la empresa hasta terminar el ciclo económico en la cual se verá afectada. Sin embargo al observar el aspecto impositivo empezó a tener ciertas dudas ante la conveniencia de iniciar, sin embargo, continuó adelante con la idea, claro que estaba aprendiendo, ahora sabe lo que nunca imaginó, en referencia a lo costoso que resulta lanzarse a una aventura donde él piensa que es una gran oportunidad para participar en el desarrollo económico de su país, en su comunidad ofreciendo empleos, al gobierno participándolo con impuestos, etc.

Después de tener una noción sobre las responsabilidades a adquirir, viene la siguiente pregunta: ¿Qué productos y servicios deben de comercializarse?, ¿Cuáles son los que la comunidad le requiere y cuáles está rechazando?, está enterado que en su país, se dan operaciones de compraventa de artículos legalmente prohibidos ¿Cómo competir con ellos?.

No deja, ni dejará la idea, de que desde el incio deberá trabajar en forma correcta su empresa, en todos los aspectos, resaltando con vigor que toda operación comercial que haga debe estar realizada en base a Valores Humanos y Ética. Desea ser un empresario formal y responsable ante su comunidad. Confía en que el mercado está esperando y dispuesto a adquirir los productos que le sean de utilidad, y sabe que los empresarios en su papel de comercializadores tienen la responsabilidad de entregar el producto con la calidad acorde al precio recibido por él. Por supuesto que sabe que es muy fácil inducir al engaño, faltar a la responsabilidad de entregar con la calidad esperada, o bien, su precio no corresponde en justicia al producto entregado. Muchas veces la vista o envoltura es el gancho para realizar la transacción, entiende que operar de esta manera es sólo para vivir en la mediocridad empresarial.

No debería haber autoridades creadas exprofeso para defender a los consumidores, el empresario debería estar consciente que debe entregar lo que el cliente espera por el dinero recibido.

La competencia siempre es necesaria en beneficio a la comunidad. Al no tener competencia, la empresa estará en libertad de fijar sus propios precios y calidades de sus productos y servicios, lo que equivale a los monopolios. La figura de los monopolios ha sido prohibida en la mayoría de los países, imponiendo serios castigos a quienes pretenden practicarlo.

La competencia permite que el empresario sea eficiente en su operación lo que le permite mejorar sus precios, soporte, calidades, etc. La sociedad tendrá la opción de libremente elegir entre un producto y otro, por lo que será un reto para el comerciante.

Este es un ejemplo común de los pasos que deben de darse en el proceso de apertura de una nueva empresa, como sociedad mercantil, que piensa dedicarse a la importación y exportación de productos, donde se intenta observar la incidencia de sus responsabilidades fiscales y laborales.

Por supuesto que abrir una empresa requiere de tiempo debido a los requisitos que los gobiernos en sus tres niveles impone, como lo son: solicitar un permiso al gobierno federal para obtener una razón social, constituirse como sociedad mercantil, ante notario público, y su registro ante instancias gubernamentales, instancias de seguridad social, permisos para uso de suelo (apertura de la empresa); además la contratación de servicios, etc.

Y quién dijo que es sencillo y económico el llevar a cabo esta aventura empresarial, el empresario, está consciente en una serie de gastos y costos necesarios para su instalación y operación, veamos por ejemplo, algunos de ellos: pago por permisos, registros, honorarios, como parte de la instalación, y en el aspecto operacional: pago de servicios, como lo son la energía eléctrica, suministro de agua, comunicaciones, y otros, aunados a los impuestos, como impuestos arancelarios, impuestos sobre las ventas (algunos de los casos), impuesto predial o por posesión de propiedades, impuestos derivados de la seguridad social, en algunos casos sobre la nómina, servicios médicos, aportaciones para la vivienda, impuestos sobre la renta, por reparto de dividendos, etc. etc., depende de cada país.

Quizá a primera vista ésta lista asuste a todo aquel que por primera vez desea incursionar en la rama empresarial, tal parece que el sueño es dulce pero para lograrlo habrá que sortear una serie de responsabilidades (muchos le llamarían limitantes u obstáculos). Es seguro que muchas personas emprendedoras podrán decidir no participar, por ésta razón, en la contienda empresarial. De cualquier manera deberían tomarse como retos y tomar la gran responsabilidad de ser empresario. Estas cuestiones de impuestos, costos y gastos, no debe de ninguna manera mermar el entusiasmo, sino al contrario, debe tomarlos en cuenta para lograr su meta final reflejada en tres aspectos fundamentales: generar riqueza, promover el desarrollo personal y ofrecer un producto o servicio útil a la comunidad.

Por otra parte, dentro de las indagaciones que hizo nuestro emprendedor, se enteró que existen algunos competidores que ofrecen precios más bajos a los que él puede ofrecer, y una de las principales razones es que algunos de ellos han decidido trabajar aunque parcialmente, dentro de la economía informal. Nunca encontró una explicación clara de este fenómeno y jamás le interesó pensar siquiera en actuar de esta manera, sus argumentos de ventas para justificar el diferencial de precio serían los de servicio, calidad, rapidez, relación cercana y amigable con el cliente y otros por el estilo. Él desea tener una empresa para muy largo plazo y duda que operar en una economía informal lo pueda lograr.

Parece que dentro de una gran cantidad de información existe también gran cantidad de soluciones y alternativas y en muchas de ellas hay choque natural. Éste procede del fin que se quiera lograr en base a la moral y los principios éticos deseados, entre más apegados se esté a éstos, seguramente menos resultados económicos a corto plazo se puede lograr, pero lógicamente puede hablarse de que nace un empresario con vocación social.

Esta es la razón por la cual conviene analizar más o menos de cerca que son los principios y valores humanos dentro de una empresa.

La misión social del empresario

La empresa es una sociedad al servicio de la persona, de la sociedad y de la civilización.

La empresa se define como una entidad social en función económica y una comunidad de personas en la que se manifiesta la creatividad y la libre iniciativa.

La misión de la empresa puede ser "organizar el trabajo productivo -procurando el bienestar y el bien ser de quienes lo realizan- para producir bienes y servicios con un valor económico agregado y destinados a satisfacer, a través de la competencia del mercado, las verdaderas necesidades individuales y sociales".

La empresa debe generar riqueza y distribuirla a través de conceptos tales como

> Remuneraciones justas
> Investigación y desarrollo en productos y procesos
> Utilidades
> Reinversiones
> Pago de Impuestos

Del papel dinámico del empresario depende la salud de la economía.

Ya se ha comentado de la imperiosa necesidad que tiene el nuevo empresario de mantenerse en una actitud, la cual debe ser indiscutiblemente dinámica y adaptada a las exigencias de modernidad. Su sociedad y su país le requieren de un fuerte y ejemplar dinamismo, el premio a la postre será inevitablemente el éxito y su realización como empresario comprometido. Al respecto comenta S.S. Juan Pablo II:

"La tarea del empresario puede muy bien ser comparada con la de aquel administrador del que nos habla el Evangelio, a quien su señor exige cuentas de su trabajo. También a vosotros se dirigen esas palabras "dame cuenta de tu administración". Y junto con el Señor, os interpelan los hombres, vuestros hermanos, que también están llamados a participar del patrimonio que Dios ha puesto, sobre todo, en vuestras manos. Sentid la gran responsabilidad moral que os corresponde."

Junto a esta creciente importancia de cada componente de ese mundo complejo que es la empresa, se va imponiendo muy significativamente un renovado aprecio por el papel del empresario y del dirigente.

Después de años de abierta o sutil contestación, sectores cada vez mayores de la población están descubriendo la indispensable contribución que el riesgo empresarial y la profesionalidad de los dirigentes están llamados a llevar al progreso social.

Se reconoce que sin los empresarios y dirigentes, no se puede pensar en una moderna organización de la empresa, ni se puede realizar una constante adecuación entre las exigencias del mercado, las esperanzas de los trabajadores y los requisitos de una correcta gestión empresarial, de la que depende la salud del sistema económico-social.

El empresario es y está porque se debe a los demás.

Comprender que existe en toda actividad empresarial una necesidad profunda para determinar la dimensión de servicios que los individuos le prestan a la empresa y por ende a la sociedad, conlleva a un extraordinario entendimiento con los trabajadores de las empresas y sus familias, los empresarios comprenderán que es menester se les anime a ser especialmente magnánimos en estas difíciles circunstancias. En efecto, la supervivencia y el crecimiento de los negocios o inversiones interesan a la entera comunidad laboral que es la empresa, y a toda la sociedad.

Una empresa respetuosa de estas finalidades sociales exige evidentemente, un modelo de empresario profundamente humano consciente de sus deberes, honesto, competente e imbuido de un hondo sentido social que lo haga capaz de rechazar la inclinación hacia el egoísmo, para preferir más la riqueza del amor que el amor a la riqueza.

No es fácil tomar la idea de empresario moralmente bueno.

No hay que olvidar que lo que es realmente peligroso son las desviaciones y tentaciones que permanentemente están al asecho de la conciencia del empresario y su actividad: constantemente se observa en algunos de ellos una sed insatisfecha de lucro, la ganancia fácil muchas de las veces inmoral, y el despilfarro, la tentación del poder y del placer, las ambiciones desmedidas, el egoísmo desenfrenado, la falta de honestidad en los negocios y las injusticias hacia los colaboradores.

Si en verdad deseamos una sociedad más justa desde sus inicios, los hombres y mujeres de negocios deben poner su parte, deben participar como artífices de una sociedad que sienta los beneficios de una mejor calidad de vida. Claro que todo requiere de sacrificios, pero en fin el objetivo que se persigue vale la pena. Muchas de las que son ahora grandes empresas, pioneras en el ejemplo de la tenacidad, iniciaron postradas a una férrea fe de que sus propósitos llenos de efectos humanos los llevaría al éxito. Pero estaban seguros que formarían parte del desarrollo económico del país. Ellos mismos saben que no es suficiente conformarse con que sus empresas sean eficaces, productivas y eficientes, necesitan algo más, que sólo le puede proporcionar una buena relación en el trabajo. Relación colmada de valores y principios morales.

Bajo este entorno deducimos que la empresa no es sólo una estructura cuyo enfoque es la producción, sino que es el reflejo de una comunidad de vida, donde el hombre realiza gran parte de su vida, resuelta a provocar un desarrollo personal comunitario.

Cuando varios hombres libres deciden asociarse, ya sean propietarios, administradores, técnicos, trabajadores, todos bajo una dirección en la que todos participan en la gestión de sus objetivos, y que lo hacen bajo un contexto lleno de ética, la creatividad e iniciativa de todos los participantes será más llevadera y con fines claros y metas nobles. En otras palabras, la dimensión moral está por encima de cualquier otro aspecto técnico o económico dentro de la organización.

Deben buscarse soluciones equilibradas

Obviamente que para estimular la participación de todos los integrantes que actúan en la vida de las empresas se requiere buscar y encontrar soluciones totalmente equilibradas, por ello resulta muy importante buscar el justo valor que se debe dar al capital y el trabajo, no es más importante uno que otro, sino que se les debe considerar como dos entes que forman indisolublemente un todo vital en la salud de la organización económica.

Constantemente se deben buscar soluciones que vayan basadas en la dignidad y que estimule la capacidad de los trabajadores.

La desocupación es una calamidad que hay que tratar de evitar

La mayoría de los países en el mundo tienen graves problemas de ocupación de sus habitantes que ocasionan uno de los mayores males sociales, por lo que debe dársele una atención especial. Esta es una razón muy poderosa por la que todo aquel que se haya iniciado en el mundo empresarial o aquellos que estén en proceso debe comprender que es obligación moral el participar en los esfuerzos que hacen los países por ofrecer empleos a su comunidad. Es ineludible el compromiso que debe adquirirse con este problema social, cada vez más fuerte, por lo que debe establecerse como prioridad el ofrecer puestos de trabajo.

PERFIL DEL NUEVO EMPRESARIO

¿Quién debe decir cómo debe ser el nuevo empresario?. No es fácil describirlo porque a cada quien le afectan los sucesos que en el mercado y el medio ambiente se le presentan, lo que le hacen ser y actuar en forma diferente. Sin embargo, sabe sobre que bases debe trabajar, cuales son los requisitos de su actuación que lo conduzcan hacia el bien y en consecuencia hacia el éxito personal y mejoramiento en su comunidad.

Se necesitan nuevos conceptos para entrar en el ámbito de la modernidad.

En los años actuales, se requiere de muchos empresarios. Así se puede observar, tanto en Europa oriental como en América Latina y en Africa, regiones en las que no se ha llegado a pleno desarrollo, hacen falta Empresarios privados para entrar de lleno en la modernidad. Los empresarios se convierten automáticamente en empleadores, por lo que su presencia es indispensable.

El empresario siempre ha estado y estará en los debates políticos, económicos y sociales. Seguramente antes fue considerado como explotador, abusivo, ventajoso e inhábil para la vida política, ahora es estimado, apreciado y respetado porque se acepta que es el único que puede impulsar la creación y distribución de la riqueza. Los gobiernos saben muy bien que sin empresarios no puede haber una adecuada privatización de empresas que puedan generar riqueza.

El empresario tiene que organizar la empresa, adecuarla a las exigencias del mercado, satisfacer los intereses de Socios, Empleados y Obreros y colaborador al equilibrio ecológico y económico de la sociedad en la que vive.

El empresario es más necesario que el mismo capital. Hay muchos millones de dólares disponibles en los centros financieros internacionales para quien quiera ser Empresario. Autoridades, grupos intermedios y ciudadanos en general están a la búsqueda de Empresarios que satisfagan el ansia de crecimiento y estabilidad que sólo la excelencia, la productividad y la calidad que ofrece la empresa privada puede dar.

El problema es encontrar talento empresarial. No se puede producir un buen Empresario por decreto, ni existe Universidad alguna que pueda dar un curso rápido para tener espíritu emprendedor. Podemos decir que se nace con talento empresarial, pero se puede cultivar este don innato a través de la cultura y la superación personal.

De cualquier manera el Empresario debe de obligarse a tomar para sí algunos principios básicos, sin los cuales nadie pudiera augurarle éxito en sus tareas empresariales.

Podemos tomar como requisitos indispensables o principios básicos, entendiendo éstos como el fundamento, origen o razón que deben guiar al empresario, al logro de su misión y sus objetivos.

¿Qué pasaría si los empresarios (también profesionistas) se pusieran de acuerdo en patrocinar estudiantes?, tal como sucede en otros muchos países de Europa y Asia....

A los empresarios les corresponde el papel de creadores de riqueza, desarrollando al máximo su creatividad, invirtiendo, creando empleos productivos, aportando bienes y servicios necesarios a la comunidad, cumpliendo sus responsabilidades sociales y ante todo demostrando que la empresa es el lugar en donde cada hombre se puede desarrollar íntegramente. No conseguiremos el éxito que tan urgentemente necesitamos si no conseguimos que nuestros obreros y empleados se sientan formando parte de la empresa. En los países latinos tenemos ahora ese ingrediente indispensable: la confianza. De todos nosotros, de nuestro trabajo depende nuestro futuro.

Compromisos

Hace falta deslucidar cómo debe ser la acción empresarial para que sea verdaderamente cristiana. Cuanta razón tuvo Adán Elizondo (Conferencia en UNIAPAC Baveno/Stresa, Italia el 22 de septiembre de 1989) cuando opina de una manera muy sucinta y esquemáticamente algunos pensamientos sobre tres valores empresariales y que ciertamente están en el centro mismo de la misión de la empresa, que ya comenté brevemente en párrafos atrás.

"1.- El servicio a los consumidores

La vida en sociedad nos obliga a los hombres a prestarnos servicio unos a otros.

Algunos de esos servicios son gratuitos y abarcan una variada gama de relaciones de piedad, de caridad y de fraternidad. Otros son servicios onerosos donde se da un intercambio de bienes económicos y es lo que constituye la actividad económica. Estas relaciones están regidas por la justicia conmutativa.

La empresa nace para organizar los recursos y los esfuerzos requeridos para prestar un servicio u ofrecer un producto destinado a satisfacer necesidades de los hombres. En cuanto demandantes de esos productos y servicios, llamamos a los hombres consumidores. Los consumidores son pues, los destinatarios originarios de los esfuerzos de la empresa. Descubrir sus necesidades actuales y potenciales y encontrar la manera más eficiente y eficaz de satisfacerlas, constituye el que hacer fundamental y primario del empresario.

Todo en la empresa se orienta a ese fin: servir a los consumidores. El empresario se asocia con otros hombres y mujeres para servir a los consumidores. Consigue y organiza los recursos financieros y técnicos con ese mismo fin. Es claro que este servicio tiene que ser realizado éticamente. En el manejo de recursos, el despilfarro y el desperdicio tienen que ser evitados. En su manipulación y transformación debe cuidarse que ni el hombre sufra daños ni su habitat se deteriore.

En la dirección de los hombres y mujeres asociados en este objetivo debe actuarse de tal manera que esas personas crezcan y se desarrollen integralmente.

El servicio a los consumidores es pues, un valor que mueve y orienta el que hacer empresarial.

2.- La creación de riqueza

Los consumidores en su conjunto forman lo que llamamos el mercado y a él concurrimos con nuestros productos y servicios y competimos por su preferencia. En una economía de mercado sabemos que si otro empresario ofrece algo mejor o más barato, los consumidores, nuestros clientes, nos dejarán. Esto nos obliga a una constante mejora ya sea reduciendo costos, modificando el producto o servicio o creando productos y servicios nuevos.

En este proceso todos ganan, como es evidente en la práctica. Si el empresario quiere aumentar sus ganancias tiene que hacerlo mediante la innovación y la creatividad. No puede simplemente subir el precio. La competencia se lo impide. Tiene que encontrar formas de satisfacer las necesidades de los consumidores de maneras nuevas con productos y servicios nuevos que le cuestan menos recursos y menos esfuerzos. Al mismo tiempo, tiene que pasar parte del beneficio al consumidor para lograr su lealtad.

La creación de riqueza se da en este proceso: cada vez que para satisfacer una necesidad se encuentra un producto o una forma de llevar el producto al consumidor que requiera menos recursos y/o menos esfuerzos, se está creando riqueza. Cada vez que se ofrece un nuevo producto o servicio que libera tiempo del consumidor, más valioso que el consumido por el proveedor para proveerlo, está creándose riqueza; en fin, cada vez que el consumidor, actuando libremente, esté dispuesto a pagar un precio superior al costo del proveedor, se está creando riqueza.

Dicho en otras palabras, cuando una persona percibe que recibe un bien mayor que el precio que pagó por él se enriqueció. Igualmente, cuando en la transacción el que presta el servicio o entrega un producto recibe un precio superior a su costo se enriqueció. Todo esto se da mejor cuando el consumidor tiene suficientes opciones para decidir.

3.- La generación de desarrollo humano

Como lo señala S.S. Juan Pablo II en Laborem Exercens,

"el Trabajo es el medio por excelencia para el desarrollo humano. La empresa aporta una buena dosis de elementos para ese desarrollo: el orden, la disciplina, la exigencia de coordinación, etc. El trabajo organizado dentro de una empresa desarrolla casi sin proponérselo. Sin embargo, para el empresario cristiano tiene que proponerse el mayor desarrollo humano posible. Para ésto tiene como instrumento dos cosas: una es el diseño de los trabajos: los trabajos en nuestras empresas tienen que diseñarse para forzar a quien los realice a un constante esfuerzo de superación. Trabajos retadores donde se use cada vez más la inteligencia y la libertad de quien los ejecuta".

Otro medio es el diseño de las organizaciones. Es necesario diseñar las organizaciones de tal manera que se tengan objetivos comunes, que todos se sientan partícipes de su realización y que todos tengan acceso a la ayuda que necesiten para ejecutar bien su función y que todos se sientan obligados a ayudar a los que lo necesiten para desempeñarse bien. En otras palabras, organizaciones y métodos de trabajo que promuevan la solidaridad, la participación y la subsidiariedad. La generación de desarrollo humano es pues, otro valor guía para el empresario.

Propongo a mis compañeros empresarios que estudiemos y profundicemos en estos valores. De hecho estos valores nos han guiado y nos guían en nuestro que hacer".

La vocación empresarial.

No cabe duda que el lucro es el elemento que impulsa el espíritu de empresa. Algunas veces es el factor dominante. Sin embargo, no lo es siempre, ni siquiera en la mayoría de los casos. Hay otros factores que también son impulsores muy importantes del espíritu de empresa. Me refiero a la inclinación a la acción que en los empresarios es más fuerte que en los demás hombres. El empresario no puede ver pasar la vida sin intervenir. Le gusta influir en los acontecimientos y conducir a las personas y las cosas. Le gusta la competencia y el reto. Una vida tranquila no es la aspiración del empresario, sino al contrario. Sólo se sacia con el éxito de sus ideas y de sus proyectos.

Es inquieto, insatisfecho, luchador. No todos los hombres son así. Otros tienen inclinaciones diferentes. Esto me conduce a pensar que la actividad empresarial es una llamada, una vocación. Una manera específica de servir a los demás: satisfaciendo sus necesidades y generando riqueza. S.S. Juan Pablo II nos recuerda en su exhortación Post-Sinodal Christifideles Laici lo que nos enseña el concilio Vaticano II:

> "no somos llamados a abandonar el lugar que ocupamos en el mundo, sino santificarlo y a santificarnos nosotros mismos desempeñando nuestra función correctamente".

Dentro de muchos, podemos mencionar los siguientes:

Algunos principios

Actuar con respeto al orden ecológico natural del ambiente físico, humano y social. Con respecto al entorno físico pensando en lograr un desarrollo sustentable.

Administración del conocimiento y asimilación de la tecnología. El empresario tendrá que administrar más que materias, personas y capitales, algo que está ocupado ya el primer lugar en ella: los conocimientos. La incorporación de nueva tecnología implica cambios culturales y de valores para llegar a su asimilación.

Amor al trabajo. Siempre, en cualquier situación debe actuar con diligencia en el cumplimiento del trabajo y todos sus deberes.

Amplio Conocimiento del campo a que se dedica. En la actualidad ya no se conciben empresarios improvisados, sino que deben mostrar amplia capacidad para trabajar con elementos disímbolos e interdisciplinarios, que seguramente encontrará en el camino.

Amplitud de visión para detectar las necesidades. Siempre estará atento a lo que su sociedad le está requiriendo en sus nuevas necesidades, así como proveerse de todo lo necesario para saber satisfacerlas adecuadamente en el mercado, ya sea nacional o internacional. Amplitud que además debe alcanzar a contemplar las posibilidades del largo plazo, de invertir y trabajar para el futuro.

Apasionado por la calidad de sus productos o servicios. La mejor forma para lograr la excelencia de su empresa, será él la fuerza que imprima por lograr la calidad de sus productos o servicios, pero consciente de que la calidad comienza con él mismo y en las personas que trabajan en ella.

Apertura mental. Siempre estar disponible con y en el proceso, pues nada es irreversible si es creativo. Permite la participación de todas las personas en este proceso.

Bien informado. Conoce de manera muy apropiada todo lo que sucede en contexto social, económico y político.

Capacidad de liderazgo. Su empresa y su comunidad le exigirán que promueva una cualidad adicional de saber asociar todos los elementos que intervienen en su función como empresario dentro de la lucha por los mercados, cuya búsqueda del resultado sea en beneficio de.

Capacidad de trabajar en equipo. Construir el éxito personal con base al éxito de los demás que le rodean.

Compatibilizar con la competencia con sentido de cooperación. Deberá intentar para que la competencia no anule su sentido de cooperación, involucrando en esta meta a quienes trabajan en la misma empresa.

Comprender, aplicar y adaptar con creatividad los avances de las nuevas formas de gestión empresaria.

Constancia. Quien decide ser y actuar como empresario sabe que debe permanecer firme en sus propósitos y resoluciones, durante todo el tiempo que dure su función.

Convencido y activo en impulsar los siguientes aspectos: La capacitación y formación de sus trabajadores y empleados, la educación en la sociedad, la vinculación entre la Universidad y la Empresa, el clima hospitalario de la empresa y la importancia de la vida familiar para la empresa y viceversa.

Creatividad. Resulta inevitable que para hacer mejor cada día las mismas cosas, para descubrir en las personas con quienes trabaja cualidades inéditas, el empresario requiere de una buena predisposición para la creatividad. Ver en sus subordinados no las personas que son, sino lo que potencialmente pueden ser. Armonizar rutina con innovación. Cambio con permanencia; revalorar lo heredado de otras generaciones para sobre ello construir lo nuevo.

Cultura humanista. Para saber fortalecer el respeto a la persona y a sus valores fundamentales, ya que la empresa se forma desde el interior de las personas.

Disciplina. La disciplina, siempre de carácter permanente para el establecimiento y búsqueda del logro de sus objetivos; debe someterse a normas lógicas y necesarias en la organización de las cosas, la distribución del tiempo, y en la realización de actividades.

Disposición de servir a la sociedad, cumpliendo debidamente su función primordial de impulsar la economía, crear riqueza y generar empleos productivos. Con la voluntad también de hacer negocios duraderos, de largo plazo, rehuyendo el dinero fácil o las actividades que produzcan algún perjuicio social. Orientado a buscar la ganancia más por el volumen que por márgenes muy grandes entre el costo y el precio, con la intención de hacer sus bienes y servicios, además de competitivos, accesibles a la mayor parte del público cuando se trate de satisfactores de necesidades generales.

Formación con los principios y valores del orden social. Comprensión e interiorización de los conceptos de persona humana, sociabilidad del hombre, derechos humanos, justicia, solidaridad, subsidiariedad, bien común, sociedades intermedias, etc.

Fortaleza para resolver las cuestiones difíciles resistiendo a los obstáculos que se presentan al logro de un fin valioso y atacándolos con los medios adecuados para superarlos.

Generosidad en la oferta. El mercado siempre está en espera de nuevas y mejores alternativas. De algo nuevo y mejor que ofrecer a la sociedad. De ninguna manera debe esperanzarse en refugiarse en una demanda asegurada.

Honradez. No sólo esta norma es obligatoria a toda persona, lo es también para el empresario de quien se espera sea una persona de conducta moralmente intachable.

Incorporar. Saber valorar y aprovechar las cualidades de la mujer en la empresa.

Independencia y creatividad. De los más altos valores que el empresario debe perseguir, lo cual es un motivo muy importante y legítimo para emprender bajo una idea de tener actitud empresarial, intentando en cada momento el cambio a mejores posibilidades en lugar de ser asalariado.

Inteligencia que debe ser el principal capital del empresario.

Manejo de la complejidad. El empresario deberá aprender a trabajar con la diversidad que implica las personas con quien trabaja, a veces de distinto origen étnico y a procesar y seleccionar la heterogeneidad de la información.

Organización. Saber mantener una organización sencilla en la empresa que favorezca la proximidad psicológica entre los que colaboran en ella.

Orientar la empresa al cliente. A fin de cuentas es a este a quien se dirigen todos los trabajos en la empresa, a quien se ha de satisfacer y a quien se debe consultar permaneciendo cerca de él.

Paciencia. Actuar con serenidad, no dejarse llevar por los males presentes desesperándose o deprimiéndose, sabiendo que todo toma su tiempo.

Perseverancia. Es la virtud de quien es inteligente, que advierte que la realidad casi nunca se acomoda a sus deseos y por ello debe persistir en atacar las dificultades a que se enfrenta a pesar de las molestias o la falta de motivación momentánea, con la convicción de que el fin es bueno para continuar adelante hasta conseguirlo.

Prudencia, es la principal virtud de quien emprende. Es el saber hacer las cosas bien y hacerlas, para ello se debe optimizar el pasado, diagnosticar el presente y prevenir el futuro, para luego actuar en consecuencia o dejar de hacerlo.

Responsabilidad social. La estricta observancia de la justicia conmutativa, distributiva y legal.

Saber involucrar e integrar los elementos internos y externos que se relacionan con la empresa para llegar más allá de las relaciones contractuales a establecer con ellos relaciones de sociedad, hablando tanto de empleados, clientes, deudores, proveedores, inversionistas y acreedores e incluso del gobierno.

Sentido Social. Preocupación activa y participativa en su entorno social desde su posición como líder social y ciudadano.

Sobriedad para distinguir lo que es razonable o inmoderado en la utilización de los recursos de la empresa conforme a criterios rectos y verdaderos.

Valor para emprender. No es fácil contar con esta cualidad, se requiere de una gran fuerza de voluntad para tener arrojo ante la imprevisibilidad del resultado, capacidad de riesgo.

Tiempos de cambio

Si creemos honradamente en lo que decimos cuando afirmamos que el hombre no puede quedar reducido al "homo económicus", entonces cada uno de nosotros ha de empeñarse en limitar las transformaciones perniciosas en las que los valores positivos queden sacrificados y, por otra parte, en dar prioridad a los valores ético-morales, culturales y religiosos por encima de los índices de crecimiento meramente económicos.

Las mejoras no llegan sin nuestra colaboración constructiva.

No se trata de una utopía. Si se quiere de verdad, se pueden crear en el mundo condiciones nuevas, estructuras nuevas, relaciones nuevas entre los individuos, los grupos sociales y los pueblos, para asegurar la paz en la justicia y en la fraternidad. Otro comentario de S.S. Juan Pablo II, dice:

"Jamás me cansaré de repetirlo a todos y de invitar a todos a la esperanza y al estímulo del porvenir que nos vienen del Evangelio y que encuentra confirmación en los "signos de los tiempos".
Pero debo añadir que los nuevos tiempos no llegan sin nosotros, o sea, sin el esfuerzo de nuestra colaboración constructiva en la realización del designio de Dios en la historia".

La verdad es que ambos puntos de vista son verdaderos en parte, y uno y otro se completan. Todo depende del acto bueno de que se trate. Para dar de beber al sediento basta tener buen corazón, ¡y agua! Para ser un buen ciudadano o para sacar adelante una familia hay que tener, además algunos conocimientos.

Aquí, como en todo, la naturaleza y la educación se completan. Por fortuna, el malo por naturaleza es educable en muchos casos y, por decirlo así, aprende a ser bueno. Por eso el filósofo griego Aristóteles aconsejaba la "ejercitación en la virtud para hacer virtuosos".

La satisfacción de obrar bien es la felicidad más firme y verdadera. Por eso se habla del "sueño del justo". El que tiene la conciencia tranquila duerme bien. Además, vive contento de sí mismo y pide poco de los demás.

La sociedad se funda en el bien. Es más fácil vivir de acuerdo con sus leyes que fuera de sus leyes. Es mejor negocio ser bueno que ser malo.

Pero cuando obrar bien nos cuesta un sacrificio, tampoco debemos retroceder. Pues la felicidad personal poco vale ante esa felicidad común de la especie humana que es el bien.

El bien nos obliga a obrar con rectitud, a decir la verdad, a conducirnos con buena intención. Pero también nos obliga a ser aseados y decorosos, corteses y benévolos, laboriosos y cumplidos en el trabajo, respetuosos con el prójimo, solícitos en la ayuda que podemos dar. El bien nos obliga asimismo a ser discretos, cultos y educados en lo posible.

Todos tenemos el instinto de la bondad. Pero este instinto debe completarse con la educación moral y con la cultura y adquisición de conocimientos. Pues no en todo basta la buena intención.

Las bases en que se sustenta la empresa moderna.

Son tres aspectos vitales en los cuales el empresario debe poner el máximo de atención, y me refiero al aspecto de Producción, al de Ventas y Mercadotecnia y al Administrativo, quedando Recursos Humanos incluido en éste rubro.

Cuando hablamos de producción, no debemos referirnos al producto en sí, sino al proceso de producirlo o adquirirlo. Ahora bien, hablando del producto, ¿qué características debe tener éste para considerar que es el adecuado para su comercialización por parte de nuestra empresa?, porque no basta con decir que tiene mercado, o que nos es fácil producirlo o adquirirlo, sino que la parte medular está en el margen de contribución que proporciona a la empresa.

Por ejemplo, si tenemos un producto que se puede vender en 10.00 dólares, del cual tenemos un costo directo de 5.50, y gastos fijos mensuales de 1,500.00, pero a la vez con este producto deseamos ganar 4,000.00, entonces para obtener el monto de la venta para lograr estas utilidades aplicaremos la siguiente fórmula: (Utilidad Deseada + Costos Fijos) / (1 − Costo Directo), lo cual nos da un equivalente a 12,222.00, o en unidades que serán 1,222.

Y comento esto, porque se dan muchos casos en los que se manejan productos, aparentemente con buen mercado y buena venta, pero con muy poca o nula contribución a los resultados deseados de la empresa.

Otro aspecto no menos importante sobre los productos son los procesos de producción, para este caso hay que estar muy al pendiente de nuevas tecnologías, así como motivación y capacitación al personal, para lograr el mayor incremento posible o en las habilidades y destrezas, siempre en la búsqueda de la mayor productividad, es decir, mayor producción al menor costo, obviamente sin variar la calidad.

El segundo aspecto ya comentado y que se refiere a las Ventas y la Mercadotecnia, en consideración.

No hay que olvidar que en este mundo globalizado y de gran competencia las reglas del juego han cambiado, lo que antes funcionaba a la perfección, ahora hay que ponerlas en tela de duda. En la actualidad requerimos de poner todo nuestro empeño para generar liderazgo, como factor de éxito. Tenemos que ser permanentemente creativos tanto en productos como en procesos, también en toda la función administrativa, fijándonos como objetivo básico el obtener siempre una ventaja competitiva, que normalmente se establece en costos bajos y en diferenciación de productos.

Cuando ya tenemos bien claro sobre nuestros productos, tendremos que hacer una investigación exploratoria, con el fin de ver si estamos dentro de los parámetros establecidos en el mercado en cuanto a presentación, calidad y precio. Este es el paso inicial antes de pensar en una Investigación de Mercado formal.

El aspecto de Ventas y la Mercadotecnia, requiere de un buen proyecto y mucha disciplina para llevarlo a cabo, hay que recordar que no debemos cometer errores, ni trabajar a prueba y error, cualquier falla que tengamos relacionado con vender al cliente, el mercado no perdona. Por eso requiere de muy buena planeación, determinando cuál es el mercado potencial y cual el mercado meta al cual vamos a concurrir, en éste es donde brindaremos batalla con calidad, precios y servicios que sean valorados por el cliente de tal forma que nos den su preferencia.

No olvidar que tenemos que hacer toda una planificación de la venta, es decir, cuál es la logística a llevar a cabo desde que el producto es producido o adquirido, hasta que está en las manos del cliente, incluyendo además el método de servicio de postventa y la garantía.

Se dice por doquier, que el Recurso Humano es el mejor activo que una organización puede tener, ya que él y sólo él puede hacer que las cosas funcionen, y en verdad, es un verdadero desafío, por lo tanto, hay que ponerle bastante atención, a todo el proceso como lo son: análisis de puestos (dependerá de las metas estratégicas, los objetivos y las actividades a desarrollar para lograr lo que se propone), el reclutamiento (conocer donde están las mejores fuentes para localización de personal idóneo), selección, inducción y capacitación, conociendo las habilidades y destrezas de la persona diseñar el puesto, hacer evaluaciones periódicas de desempeño, sin olvidar el método de remuneración.

Una cuestión muy importante e interesante para cualquier persona que esté dentro de la empresa es su proyección personal, su carrera y desarrollo personal.

Teniendo todo esto listo, hay que agregarle ahora un pequeño plan de relaciones laborales, es decir, generarle un ambiente donde se sienta cómodo y en plenitud, alejándolo en lo posible de toda carga de stress.

Abordaremos ahora el aspecto administrativo, específicamente al control. La administración es un proceso por el cual se persiguen las metas estratégicas mediante el uso de los recursos que la empresa posee, sin embargo, aquí sólo veremos los aspectos de documentación, es decir, que se deben implantar los formatos de documentos que respalden todo el ciclo económico de la empresa, con datos esenciales, que sirva para captura de información, donde más adelante podrá ser procesada y obtener una adecuada retroalimentación periódica de lo que sucede en la empresa, en relación a las metas establecidas. Para lograr esto, es necesario contar con un buen sistema de información, utilizando las últimas tecnologías disponibles, principalmente por la razón de que se requiere oportunidad y veracidad.

También es bueno recordar que es necesario tener una buena planeación y control de los recursos financieros, y evitar a toda costa que éstos se vayan a activos no productivos, en lugar de los productivos (inventarios, por ejemplo), ya que serán los que generan los ingresos.

Por último hablaremos un poco de la Planeación Estratégica, la cual nos ofrecerá una guía de conducción de la empresa hacia el éxito. Primeramente hay que establecer muy bien la Misión y Visión de la empresa, es decir, debe quedar plasmado en un documento y hacerlo del conocimiento de todo el personal. La misión es una declaratoria del porque estamos en el negocio, es lo que nos legitima estar dentro de la sociedad, por lo tanto, lo que en ella se consigna debe ser las normas para el personal sobre las cuales la empresa se regirá. La visión, debe establecerse desde el principio y nos indica como que queremos estar en el mediano y largo plazo, como nos queremos ver en el futuro, por lo tanto, será por lo que momento a momento lucharemos en nuestra actividad diaria para lograr esa visión.

Constantemente tenemos que estar evaluándonos, tanto externamente como internamente, tenemos que conocer nuestras oportunidades y las amenazas que nos brinda o nos inhibe el mercado, los clientes, los competidores, la tecnología, etc., pero además los factores internos, como lo son nuestras fortalezas y debilidades. Conocer estas situaciones nos ayudará a establecer estrategias para lograr oportunidades y protegernos de amenazas, pero también, engrandecer nuestras fortalezas y establecer planes para mejorar en cuanto a nuestras debilidades.

Bien, ya conocemos nuestras fortalezas, oportunidades, amenazas y debilidades, estamos listos para fijar nuestros objetivos, valorar los recursos con los que contamos para llevar a cabo y determinar los requisitos de los objetivos, ya con estos puntos bien claros, desarrollar planes de acción, implementarlos mediante listas de actividades con responsables y tiempos, por último estar verificando resultados periódicamente.

Estoy consciente que lo que se ha mencionado en este tema requiere de mayor información, hemos visto estos puntos de manera sucinta, pero no es el objetivo de esta obra hacerlo de manera amplia, si se desea mayor información, habría que leer el libro Planificación de Proyectos de este mismo autor.